AF550526

Joel S. Peters

Die Schrift allein?

Kirchliche Gutheißung des englischsprachigen Originals

Nihil Obstat: David D. Kagan, Generalvikar

Imprimatur: + Thomas G. Doran, Bischof von Rockford,
6. August 2001

Impressum

Bibliographische Informationen der Deutschen Nationalbibliothek, abrufbar unter http://dnb.ddb.de

Umschlaggestaltung: Marcel Hagmann, www.keilergrafik.de
Satz: WordWorks, LLC

Peters, Joel S.
Die Schrift allein? 21 Gründe gegen das protestantische Bibelverständnis
115 Seiten, Bad Schmiedeberg 2021

1. Auflage 2021
Originaltitel: Scripture Alone? 21 Reasons to Reject Sola Scriptura
© Joel S. Peters

© Renovamen-Verlag, Bad Schmiedeberg 2021, für die vorliegende Ausgabe
www.renovamen-verlag.de

Aus dem Englischen übertragen durch Paolo D'Angona, Priester der Diözese Roermond

ISBN 978-3-95621-150-8

Joel S. Peters

DIE SCHRIFT ALLEIN?

21 Gründe gegen das protestantische Bibelverständnis

Inhaltsverzeichnis

VORWORT ZUR DEUTSCHEN AUSGABE

Auf die ganze Kirche bezieht sich gemäß dem Zweiten Vatikanischen Konzil die Sorge um die wiederherzustellende Einheit – sowohl auf die Gläubigen, wie auch auf die Hirten.[1] Darum müssen die Gläubigen ihren Beitrag für die Einheit der Christenheit leisten. Dieser besteht einerseits im Zeugnis des christlichen Lebens und im Gebet um die Einheit der Christenheit, aber andererseits auch in der tieferen Auseinandersetzung mit dem Glauben und seinen Quellen im Dialog mit christlichen Brüdern anderer Konfessionen. Vielleicht wird dem katholischen Gläubigen, der sich auf diesen Dialog einläßt, von protestantischer Seite im Gespräch entgegengehalten werden, es sei das Verdienst Martin Luthers, daß auch er sich als mündiger Christ mit der Bibel beschäftigen kann.

Zweifelsohne hat die Bibelübersetzung Luthers die Heilige Schrift größeren Kreisen der Gesellschaft zugänglich gemacht und maßgeblich Sprache und Kultur der Deutschen beeinflußt. Freilich bildeten die Erfindung des Buchdrucks durch Gutenberg und der Bildungsimpuls durch den Humanismus wichtige Voraussetzungen für Luther und die anderen Reformatoren.

Luther ermutigte in diesem Kontext die Menschen seiner Zeit zur Lektüre der Schrift: »Kriech hinein und bleib drinnen, wie ein Hase in seiner Steinritze.«[II] Doch Luther argumentierte mit der Schrift gegen die Kirche und steht somit am Beginn einer Trennung des abendländischen Christentums, die bis heute nicht überwunden ist. Diese Wirkung unterscheidet ihn von früheren Predigern und Theologen, die in Konflikt mit der kirchlichen Autorität kamen, wie etwa Petrus Valdes, Jan Hus oder John Wyclif. Die Prinzipien, die Luther formulierte, trennten ganze Landstriche und Nationen des Abendlandes bis heute von der Kirche Roms[III].

Im Prinzip *Sola Scriptura* (bisweilen auch einfach »Schriftprinzip« genannt) drückt sich nicht einfach nur eine Hochschätzung gegenüber der Bibel aus, sondern die Schrift wird zum alleinigen Ort theologischer Erkenntnis erhoben. Zum ersten Mal ausformuliert findet sich das Prinzip *Sola Scriptura* bei Luther in seiner *Assertio* (»Wahrheitsbekräftigung aller Artikel Martin Luthers, die von der jüngsten Bulle Leos X. verdammt worden sind«) im Jahre 1520: »Ich will nicht, daß ein jeder Gelehrterer verworfen werde, sondern daß die Schrift allein herrsche; nicht daß sie durch meinen Geist oder irgendeinen Menschen interpretiert werde, sondern daß sie durch sich selbst und durch ihren Geist verstanden werde.«[IV]

41 Punkte über Buße, Ablaß und Fegfeuer in den Lehren Luthers hatte Papst Leo X. am 15. Juni 1520 in der

Bulle *Exsurge Domine* verurteilt. Bereits zuvor in seinen Streitgesprächen mit Kardinal Cajetan (über den Ablaß) und mit Johannes Eck (über das Fegfeuer) beruft sich Luther auf die Heilige Schrift, wobei er ausschließlich den Literalsinn gelten lassen will[V]. Aber erst in seiner Erwiderung auf die Exkommunikationsbulle formuliert er das Prinzip, die Schrift sei »durch sich selbst« zu interpretieren. Kirchenväter, Päpste und Konzilien haben für ihn keine Autorität in der Frage nach dem rechten Verständnis des Wortes Gottes, sondern durch sich selbst soll die Schrift interpretiert werden. Wie keine äußere Autorität die Interpretation der Heiligen Schrift vorschreiben darf, so braucht es auch keine äußere Instanz (Kirche) zur Vermittlung der Gnade. So wird das Prinzip *Sola Scriptura* zum formgebenden Prinzip der kirchlichen Gemeinschaften der Reformation, die durch die fünf Exklusivpartikel[VI] sichergestellt wissen wollen, daß Gott allein die Ehre gegeben werde (»soli Deo gloria«). Wenngleich man für einen großen Teil der evangelikalen Gemeinschaften das Prinzip *Sola Scriptura* im Sinne Luthers noch heute als formgebend annehmen kann, so gilt dies nicht mehr für alle protestantischen Gemeinschaften ohne Einschränkungen[VII]. Hintergrund ist, daß bereits durch Aufklärung und Bibelkritik dieses Prinzip »entscheidend problematisiert wurde«[VIII], wodurch beginnend mit den sogenannten Neologen des 18. Jahrhunderts[IX] etwas entstand, was man mit dem Sammelbegriff »Liberaler Protestantismus« zusammenfaßt. Aus diesem Grund können Katholiken nicht im

Gespräch mit Protestanten aller Denominationen davon ausgehen, daß man unter dem Prinzip *Sola Scriptura* heute dasselbe versteht, was Luther einst darunter verstand.

Im 16. Jahrhundert fand die römisch-katholische Kirche mit dem Trienter Konzil (1545–1563) eine Antwort auf die Herausforderungen, die die Reformation für sie darstellte. Die zwei Dekrete der vierten Sitzung von 1546 befassen sich mit der Heiligen Schrift: nämlich mit ihrem Kanon und mit der lateinischen Vulgata-Ausgabe der Bibel, die »für authentisch zu halten ist«[X]. Sie ist also Grundlage der Theologie. Aber sie wird – im Gegensatz zu Luthers Lehre – nicht »durch sich selbst« interpretiert. Es ist Aufgabe der Kirche, »über den wahren Sinn und die Auslegungen der Heiligen Schriften zu urteilen«[XI]. Die Kirche konnte es nicht ohne Widerspruch hinnehmen, daß ihr die Reformatoren die Schrift sozusagen aus den Händen rissen: Wenn die Kirche nämlich wirklich in einem Gegensatz zum Zeugnis der Apostel in der Heiligen Schrift stünde, dann wäre sie nicht mehr die eine, heilige, katholische und apostolische Kirche. Die Gegenreformation mit ihren großen Theologen, unter denen die Kirchenlehrer Petrus Canisius, Laurentius von Brindisi, Robert Bellarmin und Franz von Sales herausragen, wandte darum viel Mühe auf, die katholische Lehre als schrift- und traditionsgemäß zu erweisen. Heilige Schrift, Tradition und Lehramt sind und bleiben so nach dem Willen der göttlichen Vorsehung untrennbar verbunden und dienen dem Heil der Seelen, das das oberste Ziel der Kirche ist[XII]. Dafür hat sie den Heiligen Geist empfangen, durch den sie bleibend mit Christus verbunden ist und in der Wahrheit voranschreitet: »Wenn aber jener kommt, der Geist der Wahrheit, so wird er euch in alle Wahrheit einführen; denn er wird nicht von sich selbst reden, sondern alles, was er hört, wird er reden, und was zukünftig ist, wird er euch verkünden.« (*Joh* 16,13).

Das Buch von Joel Peters kann ein großes Hilfsmittel für ein besseres Verständnis der Heiligen Schrift liefern, weswegen man ihm nur rasche Verbreitung wünschen kann. Die (gesamte authentische) Heilige Schrift wird uns nämlich von der Kirche geschenkt und verweist uns wieder zurück auf die Kirche, die »Säule und Grundfeste der Wahrheit« ist (vgl. *1 Tim* 3,15). Um nichts anderes als die Suche nach der Wahrheit geht es doch im ökumenischen Gespräch: »Wirklicher Dialog produziert nicht Wahrheit, sondern entdeckt die Wahrheit, die uns ein für alle Mal in Jesus Christus gegeben ist.«[XIII]

Auf der Innenseite des Einbands heißt es im englischen Original, dieses Buch sei »für alle – für Katholiken, für Protestanten und sogar für Nicht-Christen«. So ist diese knappe Schrift weit davon entfernt, gegen die Brüder aus den protestantischen Gemeinschaften zu polemisieren. Sie hilft vielmehr beiden Seiten – Katholiken und Protestanten –, das Prinzip kritisch zu hinterfragen, das Luther nach dem Bruch mit Rom gegen das Lehramt der Kirche ins Feld führte. Sollte das, was Christen bis zum Auftreten Luthers geglaubt und praktiziert haben, wirklich Folge eines Abfalls vom wahren Evangelium sein? Hatte der Heilige Geist die Kirche über Jahrhunderte verlassen? Wer Luthers Schrift *Von der Winkelmesse und Pfaffenweihe* (1533) einmal zur Hand nimmt, wird bald merken, wie Luther hier mit seiner eigenen Vergangenheit als Augustinermönch und Priester ringt und keinen Frieden findet.

Die Spaltung, die sich durch die Formulierung des Prinzips *Sola Scriptura* nach 1520 weiter verfestigte, muß überwunden werden, wenn wir die Schrift wirklich schätzen, die Wahrheit lieben und den Frieden Christi suchen. Christus, der »der Weg, die Wahrheit und das Leben« (*Joh* 14,6) ist, betete doch im Abendmahlssaal: »Damit alle eins seien, wie du, Vater, in mir, und ich in dir, damit auch sie in uns eins seien; damit die Welt glaube, daß du mich gesandt hast.« (*Joh* 17, 21).

Kaplan Christian Figura
Wermelskirchen,
am Fest der hll. Perpetua und Felizitas 2021

[I] Cfr. Zweites Vatikanisches Konzil (Sessio V, 1964), Dekret über den Ökumenismus *Unitatis Redintegratio,* Nr. 5.

[II] *WA* 10/I/1, S. 193, 13.

[III] Im Jahr 381 definierte das Erste Konzil von Konstantinopel im Credo vier Wesensmerkmale der Kirche: Einheit, Heiligkeit, Katholizität und Apostolizität. Die römisch-katholischen Kontroverstheologen des 16. und 17. Jahrhunderts hielten aus diesem Grunde den Reformatoren vor, ihre Gemeinschaften seien die »Chimäre der unsichtbaren Kirche« (Franz von Sales, *Controverses,* Discours VII.). Die wahre Kirche muß immer sichtbar gewesen sein. Ferner kann die wahre Kirche nicht durch Irrtum aus der Wahrheit herausfallen. Die Kirche ist eine sichtbare und ewige (cfr. hierzu: Johannes Perrone SJ, *Praelectiones Theologicae,* Bd. 1, Regensburg 1854, Propositio IV, S. 175–188), die gemäß *Mt* 16,18 auf den Felsen Petrus gebaut ist. Perrone zitiert u.a. das Wort des hl. Ambrosius: »Wo Petrus ist, da ist die Kirche.« (ib. S. 187).

Propositio VII. von Perrone lautet: »Jenen, die die Autorität der katholischen Kirche zurückweisen, damit sie, wie es dem eigenen Geist gefällt auswählen, haben keinen wahren Glauben, sondern nur Meinung und Zweifel.« Mangels eines Bandes der religiösen Einheit, sind sie von Beginn an auf die zivile Autorität angewiesen (cfr. ib. S. 214). Haben die Protestanten wirklich keinerlei gemeinsame Autorität in Glaubensfragen? Hier geht Perrone auf den Einwand ein: »Die religiöse Unabhängigkeit der Protestanten ist nicht absolut, sondern wird von den Heiligen Schriften umschrieben, die der Kodex der Offenbarung seien.« Perrone hält entgegen, daß der Kanon der inspirierten Bücher für Luther selbst zur Disposition stand, nachdem er mit der Kirche brach. Der jesuitische Theologe hätte hier durchaus noch Luthers Urteil über einzelne biblische Bücher erwähnen können, die er im Kanon beließ (z.B. sein Urteil in der Vorrede zum Neuen Testament von 1545 über den Jakobusbrief: »eine rechte stroherne Epistel«). Perrone urteilt über den Protestantismus aus offensichtlich guter Kenntnis desselben: »Es gibt daher nichts Fixes in einem solchen System außer ständige Unbeständigkeit und Fluktuation. Es wird keine andere Regel des Glaubens geben, außer die subjektive und private Überzeugung jedes einzelnen, bzw. vielmehr Meinung oder Zweifel.« (ib. S. 217).

IV »Nolo omnium doctior iactari, sed solam scripturam regnare, nec eam meo spiritu aut ullorum hominum interpretari, sed per seipsam et suo spiritu intelligi volo.« *WA* 7,99,23–100,5.

V Die alte, auf die Väterzeit zurückgehende Lehre vom vierfachen Schriftsinn, die bis heute im Katechismus der katholischen Kirche ihren festen Platz hat (*KKK*, Nr. 115), verwirft Luther früh. Gemäß dieser Lehre gibt es neben dem (historischen) Literalsinn der Heiligen Schrift (in dem jeder andere Sinn gründet; cfr. *KKK*, Nr. 116) auch einen geistlichen Sinn, der sich aufteilen läßt in allegorischen, moralischen und anagogischen Sinn. Der allegorische Sinn bezieht sich auf die Glaubenslehre, der moralische auf die rechten Handlungen und der anagogische auf dasjenige, was der Gläubige für die Zukunft und Ewigkeit erhoffen darf. Luther hatte schon früh einzig den Literalsinn akzeptieren wollen, nachdem es aber im Zusammenhang mit seinen 95 Thesen von 1517 zum offenen Konflikt mit der kirchlichen Autorität kommt, bekämpft er etwa in seiner Schrift *De captivitate Babylonica ecclesiae* von 1520 (cfr. *WA* 6,509,9–12: hier im Zusammenhang mit seiner Ablehnung der Lehre von der Transsubstantiation) die allegorische Auslegung der Heiligen Schrift heftig. Cfr. hierzu: Gerhard Ebeling, Art. Hermeneutik, in: *RGG*[3], Bd. 3, Sp. 242–262, besonders S 251f.

VI Dies sind neben dem Formalprinzip »sola scriptura« die vier Exklusivpartikel, die das Materialprinzip des Protestantismus lutherischer Prägung, nämlich die Rechtfertigungslehre, beschreiben: »solus Christus« (allein Christus), »sola gratia« (allein aus Gnade), »sola fide« (allein durch den Glauben), »solo verbo« (allein im Wort).

VII Anläßlich des 500. Jubiläums der Reformation hält die Evangelische Kirche in Deutschland (EKD) in einem Grundsatzpapier (*500 Jahre Reformation 2017. Ein Grundlagentext des Rates der Evangelischen Kirche in Deutschland*, Gütersloh, 2015) fest: »Das *sola scriptura* lässt sich heute nicht mehr in der gleichen Weise verstehen wie zur Reformationszeit. Anders als die Reformatoren ist man sich heute dessen bewusst, dass das Entstehen der einzelnen biblischen Texte und des biblischen Kanons selber ein Traditionsvorgang ist. Die alte Entgegensetzung von ›die Schrift allein‹ und ›Schrift und Tradition‹, die noch die Reformation und Gegenreformation bestimmt, funktioniert heute nicht mehr so wie im sechzehnten Jahrhundert.« (S. 83f.) Hier scheint man sich also auf die katholische Seite zuzubewegen. Wenn der Text dann aber von »Wahrheit« (ohne Artikel) spricht, die in den Texten gespurt wird, dann bleibt offen, inwiefern die biblischen Texte für die Autoren einen tatsächlichen Mehrwert gegenüber anderen Texten haben, die von den Erfahrungen der Menschen mit Gott reden. So heißt es: »Auch heute spüren Menschen beim Lesen oder Hören dieser Texte – nicht jedes Mal automatisch, aber immer wieder – dass sie Wahrheit enthalten, Wahrheit über sie selbst, die Welt und Gott, die ihnen zum Leben hilft. Deshalb bilden diese Texte nach wie vor den Kanon der Kirche.« (S. 85f.).

[VIII] Gunter Wenz, Artikel »Sola scriptura« in: *LThK*[3], Bd. 9, Sp. 704.

[IX] Cfr. hierzu: Prälat Georg May, *300 Jahre gläubige und ungläubige Theologie,* Bobingen 2017. Den Neologen geht der Deismus (Lehre von einem Gott, der nicht in der Geschichte wirkt) in der Philosophie voraus. »Mit dem Bibelprinzip ziehen die Neologen gegen das Gebäude der altprotestantischen Dogmatik ins Feld. Die Neologen entfernen für unaufgebbar gehaltene Lehren der Kirche aus dem Bestandteil der Offenbarungswahrheiten. Das (beibehaltene) Kriterium der Schriftgemäßheit der Lehren wird durch ›historisch-kritisch‹ gewonnene ›Erkenntnisse‹ in Frage gestellt.« (ib. S. 44).

Im späten 19. und frühen 20. Jahrhundert waren Adolf von Harnack und Ernst Troeltsch maßgebliche Gestalten, die kulturprägend waren und mit ihrer historischen Methode die protestantische Theologie nachhaltig beeinflußten. Georg May schreibt über Harnack: »Nach Harnack ist christlicher Glauben nicht Lehre, sondern Leben. Er verkündete ein Christentum ohne Dogma. (Ursprüngliches) Evangelium und Dogmen stehen in einem unaufgebbaren Gegensatz. Dogmenbildung ist eine Verfremdung des Evangeliums.« (ib. S. 471). Es ist also ein mittels der historischen Methode erschlossenes reines und ursprüngliches Evangelium, das man (quasi in Weiterentwicklung des Lutherschen Schriftprinzips) den Dogmen entgegensetzt, die auch die protestantische Gemeinschaft bis dahin noch als Offenbarungswahrheiten ansah. So wird folglich auch die protestantische Kirche für den berühmten Theologen aus Dorpat entbehrlich: »In der Kirche erblickte Harnack ein geschichtlich gewordenes, wandelbares Gebilde, im wesentlichen eine Gesinnungsgemeinschaft. Sie ist grundsätzlich entbehrlich, ist keine notwendige Institution für den Glauben. In der Geschichte der Kirche sah er eine Verfremdung des Evangeliums (wie er es verstand) vor sich gehen, und das seit dem zweiten Jahrhundert.« (ib. S. 473).

[X] *DH* 1506.

[XI] *DH* 1507.

[XII] Cfr. Zweites Vatikanisches Konzil (Sessio VIII, 1965), Dogmatische Konstitution über die Offenbarung *Dei Verbum*, Nr. 10.

[XIII] Walter Kardinal Kasper, *Wege der Einheit. Perspektiven für die Ökumene*, Freiburg i.Br., Basel, Wien, 2005, S. 56.

WAS VERSTEHT MAN UNTER DEM PROTESTANTISCHEN *SOLA-SCRIPTURA*-PRINZIP?

»Wir glauben einzig an die ganze Bibel, die ausschließliche Richtschnur des christlichen Glaubens ist.«

Vielleicht wurden auch Sie schon einmal mit solchen oder ähnlichen Äußerungen von »fundamentalistischen« oder »evangelikalen« Protestanten konfrontiert. Hier kommt im wesentlichen das zum Ausdruck, was man als das *Sola-Scriptura*-Prinzip (»Die Schrift allein«) bezeichnet. Dieses besagt, die Bibel – in ihrer Interpretation durch den einzelnen Gläubigen – sei die einzige autoritative Bezugsgröße in religiösen Dingen und somit das ausschließliche Kriterium dessen, was zum christlichen Glauben gehört (*Glaubensregel*). Mit dieser Lehre, die eine der Grundüberzeugungen des Protestantismus darstellt, wird in Abrede gestellt, daß außer der Schrift irgendeine religiöse Autorität bzw. irgendeine Quelle der göttlichen Offenbarung existiert.

Der Katholik hingegen hält daran fest, daß die nächste oder direkte *Glaubensregel* im Lehramt der katholischen Kirche besteht. Die Kirche ihrerseits entnimmt ihre Lehre der göttlichen Offenbarung, also sowohl dem geschriebenen Wort Gottes, welches als die »Heilige Schrift« bezeichnet wird, als auch der mündlichen Überlieferung (dem ungeschriebenen Wort Gottes), genannt die »Tradition«.[1] Das kirchliche Lehramt (*magisterium ecclesiae*), dessen höchster Autoritätsträger der Papst ist, ist selbst keine Quelle der göttlichen Offenbarung, hat indes kraft göttlicher Anordnung sowohl die Inhalte der Schrift als auch der Tradition zu lehren und zu interpretieren. Schrift und Tradition sind die *Quellen* der christlichen Lehre; sie sind die *entfernte* bzw. *mittelbare* Richtschnur für den Glauben des Christen.

Zwischen den beschriebenen Positionen, worin die Glaubensregel eines Christen besteht, liegt nun ein offenkundiger Gegensatz vor. Wer aber der Lehre Christi ehrlich folgen will, muß sich sicher sein, welche von beiden die richtige ist.

Die *Sola-Scriptura*-Lehre fand seit dem 16. Jahrhundert[2] eine weitere Verbreitung durch den Mönch Martin Luther, der von der katholischen Kirche abgefallen war und die sogenannte Reformation initiierte.[3] Luther reagierte mit lautstarkem Protest u.a. auf bestimmte Mißstände, die sich in das kirchliche Leben eingeschlichen hatten. Seine Kritik an den wirklichen Mißständen war berechtigt. Als es jedoch in der Folge zu Auseinandersetzungen zwischen ihm und der Hierarchie kam, konzentrierte sich die Fragestellung auf die kirchliche

Lehrautorität als solche. Aus Luthers Sicht stellte sich die Frage, ob das Lehramt der katholischen Kirche berechtigterweise als Richtschnur des christlichen Glaubens zu betrachten sei oder nicht.

Als sich die Auseinandersetzungen zwischen Luther und der kirchlichen Hierarchie zuspitzten und die Situation immer angespannter wurde, beschuldigte Luther die katholische Kirche, die christliche Lehre korrumpiert und die biblischen Wahrheiten verfälscht zu haben. Er vertrat in der Folge den Standpunkt, die Bibel – in ihrer Interpretation durch den einzelnen Gläubigen – sei für den Christen die einzige echte Autorität in Dingen der Religion. Somit verwarf er jeden religiösen Autoritätsanspruch sowohl der Tradition als auch des im Papst verkörperten Lehramtes der katholischen Kirche.

Ein ernsthaft Suchender muß sich also fragen, ob Luthers Lehre von der »Schrift allein« eine echte Wiederherstellung der Stellung war, die der Schrift gebührt, oder vielmehr Ausdruck der persönlichen Meinung eines einzelnen, wer oder was auf religiös-christlichem Gebiet die maßgebliche Autorität sei. Luther vertrat seine Meinung mit leidenschaftlicher Bestimmtheit und er überzeugte viele von ihr, was aber keineswegs irgendeine Gewähr für deren Richtigkeit bietet. Weil nun in diesem Punkt das geistliche Wohl, ja sogar das ewige Schicksal des Christen auf dem Spiele steht, ist es für ihn unverzichtbar, hier den richtigen Standpunkt einzunehmen.

Es folgen nun einundzwanzig Erwägungen, anhand derer es möglich ist, Luthers *Sola-Scriptura*-Lehre mittels biblischer, historischer und logischer Kriterien zu überprüfen. So wird deutlich werden, daß diese Lehre der genuinen Bedeutung der Schrift nicht gerecht wird, sondern ein reines Konstrukt ist – also Menschenwerk.

I

DAS *SOLA-SCRIPTURA*-PRINZIP WIRD NIRGENDS IN DER BIBEL GELEHRT

Der vielleicht schlagendste Grund, dieses Prinzip abzulehnen, besteht darin, daß sich in der ganzen Bibel nicht einmal ein einziger Vers findet, in dem es gelehrt wird. Das Prinzip widerlegt sich also selbst.

Um das *Sola-Scriptura*-Prinzip zu verteidigen, wird seitens der Protestanten häufig auf Stellen wie *2 Tim* 3,16–17 oder *Offb* 22,18–19. hingewiesen. Eine genaue Betrachtung dieser beiden Stellen zeigt jedoch schnell, daß sie sich für eine Stützung des Prinzips als vollständig wertlos erweisen.

In *2 Tim* 3,16–17 lesen wir: »Alle von Gott eingegebene Schrift ist nützlich zur Belehrung, zur Zurechtweisung, zur Besserung, zur Unterweisung in der Gerechtigkeit, damit der gottgeweihte Mensch vollkommen werde, zu jedem guten Werke geschickt.«[4]

Fünf Argumente machen nun die Inanspruchnahme dieser Bibelstelle zugunsten des *Sola-Scriptura*-Prinzips unmöglich:

1) Das in Vers 16 verwendete griechische Wort ὠφέλιμος ist mit »hilfreich«, »nützlich« und nicht mit »ausreichend« zu übersetzen. Um den Unterschied zu verdeutlichen: Wasser ist für das menschliche Leben hilfreich – ja sogar notwendig –, jedoch nicht ausreichend. Mit anderen Worten: Wasser ist nicht das einzige, was der Mensch für sein Überleben braucht. Er benötigt auch Nahrung, Kleidung, Unterkunft usw. So ist auch die Heilige Schrift nützlich für das Glaubensleben, war aber niemals als »die einzige Quelle der christlichen Lehre« intendiert, die dem Gläubigen vollständig genüge.

2) Das griechische Wort πάσα das oft mit »alle« übersetzt wird, bedeutet eigentlich »jede« und zielt darauf ab, einen Bezug zu allem und jedem herzustellen, was durch das mit ihm als Sammelbegriff verstandene Substantiv gekennzeichnet wird.[5] Anders ausgedrückt: der Grieche liest das Wort *pasa* als einen Hinweis darauf, daß jedwede »Schrift« nützlich ist. Träfe nun die *Sola-Scriptura*-Lehre zu, und wäre es diese, die mit dem 16. Vers zum Ausdruck gebracht werden sollte, so ergäbe sich aus der griechischen Version, daß jedes einzelne Buch der Bibel für sich genommen die alleinige Glaubensregel bildet – was offensichtlich unsinnig ist.

3) Die »Schrift«, auf die der hl. Paulus hier verweist, ist das Alte Testament. Diese Tatsache wird durch seine Bezugnahme auf die »Schriften« deutlich, die Timotheus »von Kindheit an« kannte (15. Vers). Das Neue

Testament, wie wir es heute kennen, existierte damals noch nicht – nämlich nur in unvollständiger Form –, so daß es keineswegs dasjenige sein kann, was der hl. Paulus unter der »Schrift« verstanden wissen will. Demgemäß würde, wenn wir die Worte des hl. Paulus nach ihrer augenscheinlichen Bedeutung auffassen, *Sola Scriptura* hier besagen, daß das Alte Testament für den Christen die einzige Richtschnur seines Glaubens sei – eine Behauptung, die jeder Christ ablehnen müßte.

Protestanten würden zur Lösung dieses Problems möglicherweise entgegnen, die Worte des hl. Paulus bezögen sich nicht auf den biblischen Kanon (das verbindliche Verzeichnis der Bücher, die in der Bibel enthalten sind), sondern vielmehr auf die spezifische *Beschaffenheit* der Heiligen Schrift. Wenn letzteres auch nicht völlig aus der Luft gegriffen ist, so spielt dennoch das Thema des biblischen Kanons hier eine wichtige Rolle: Um nämlich überhaupt von einer spezifischen Beschaffenheit der Heiligen Schrift als θεόπνευστος oder »inspiriert« (wörtlich: »von Gott eingehaucht«) sprechen zu können, ist es unerlässlich, mit Bestimmtheit diejenigen Bücher zu identifizieren, die überhaupt unter der »Schrift« zu verstehen sind. Andernfalls wäre es möglich, daß Schriften als inspiriert eingestuft würden, die es in Wirklichkeit nicht sind. Es ist nun offensichtlich, daß die Worte des hl. Paulus einen neuen Deutungsbezug erhalten haben, nachdem die neutestamentlichen Schriften vollständig vorlagen – denn auch das Neue

Testament wird von Christen seither als Bestandteil der »Schrift« angesehen. Deswegen ist darauf hinzuweisen, daß es hier sehr wohl auch um das Thema des biblischen Kanons geht: der hl. Paulus betont nämlich – als vom Heiligen Geist inspirierter Autor –, daß die *gesamte* Schrift inspiriert ist (und nicht lediglich *manche* ihrer Bücher). Und hier schließt sich die Frage an: Wie kann man sicher sein, über den *gesamten* authentischen Gesamtbestand der inspirierten Schriften zu verfügen? Eine Antwort auf diese Frage ist offensichtlich nur möglich, wenn feststeht, welche Schriften zum biblischen Kanon gehören – und so wird die Frage für Protestanten zu einer Aporie. Für Katholiken hingegen besteht hier keinerlei Problem: Sie verfügen über eine unfehlbare Instanz, die diese Frage entscheidet.

4) Das hier mit »vollkommen« übersetzte griechische Wort ἄρτιος könnte bei oberflächlicher Betrachtung so aufgefaßt werden, daß die Schriften für sich genommen ausreichten Denn wenn »der gottgeweihte Mensch« durch die Schriften »vollkommen wird«, so scheint weiter nichts erforderlich zu sein, insofern »Vollkommenheit« jeden Mangel ausschließt.

Die Schwierigkeit einer solchen Interpretation besteht nun darin, daß im Text nicht gesagt wird, die Schrift *allein* vervollkommne den »gottgeweihten Menschen«. Der Textbefund zeigt vielmehr mit unüberbietbarer Deutlichkeit, daß das exakte Gegenteil der Fall ist, nämlich daß die Schrift ihre Wirkung erst in

Verbindung mit anderen Faktoren entfaltet. Besonders ist hier zu beachten, daß hier nicht von beliebigen Personen die Rede ist, die »vollkommen« werden sollen, sondern von »gottgeweihten Menschen«. Gemeint sind »Diener Christi« (vgl. *1 Tim* 6,11), also Geistliche. Weil die hier gemeinten Menschen »Diener Christi« sind, wird vorausgesetzt, daß sie bereits vor der Übernahme ihres Amtes eine entsprechende Formung und Belehrung erhalten haben. Und da es sich so verhält, bilden die Schriften nur ein Element unter mehreren, das den »gottgeweihten Menschen vollkommen« macht. Das Studium der Schrift kann als Vervollständigung anderer notwendiger Dinge gelten, als herausragend wichtig, aber mit Sicherheit weder als das *einzig* Notwendige, noch für sich Genügende.

Zum Vergleich mag die Ausbildung eines Arztes herangezogen werden. Jemand könnte sagen, durch gewissenhaftes Studium eines medizinischen Standardwerkes werde ein Kandidat der Medizin zu einem »vollkommenen praktischen Arzt«, der in der Lage ist, jede Krankheit zu behandeln. Mit einer solchen Aussage kann richtigerweise nicht gemeint sein, das Studium des Standardwerkes reiche für eine verantwortliche ärztliche Betätigung aus. Ein solches Studium ist lediglich ein Punkt von vielen – wenngleich ein wichtiger –, der für den praktischen Arzt von Bedeutung ist. Ebenfalls notwendig sind praktische Ausbildung und medizinisches Instrumentarium, also Stethoskop, Blutdruckmessgerät usw. *All* diese Dinge sind für den Arzt – im Gegensatz zum Nichtmediziner – notwendig. Kurzum: Es wäre verkehrt, zu meinen, das Studium eines Standardwerkes sei das *einzige*, was zur »vollkommenen« Ausübung der ärztlichen Kunst vonnöten ist.

Weiterhin käme es zu einem Widerspruch innerhalb der Heiligen Schrift, wollte man das Wort »vollkommen« als gleichbedeutend mit »einzig notwendig« auffassen. So lesen wir in *Jak* 1,4, daß die Geduld – und nicht die Schrift – zur Vollkommenheit führt: »Die Geduld aber hat ein vollkommenes Werk inne, damit ihr vollkommen und vollendet seiet, in keiner Sache etwas fehlen lassend.« Nun wird zwar hier für »vollkommen« ein anderer griechischer Terminus (τέλειος) verwendet. Nichtsdestoweniger ist aber genau dasselbe gemeint. Gibt man nun zu, daß Geduld eindeutig nicht das einzige ist, dessen ein Christ bedarf, um vollkommen zu sein – wie es ja tatsächlich der Fall ist –, so ergäbe eine konsistente Auslegungsmethode zwingend, daß die Schriften nicht das *einzige* sind, was ein »gottgeweihter Mensch« benötigt, um vollkommen zu sein.

5) Manche Protestanten führen das griechische Wort εξαρτίζω aus dem 17. Vers (Anm. d. Übers.: In der von uns verwandten Übersetzung von Augustin Arndt SJ mit »geschickt« übersetzt – andere Bibelübersetzungen bedienen sich hier der Worte »ausgerüstet« oder »befähigt«.) als »Beweis« für das *Sola-Scriptura*-Prinzip an, da auch dieses Wort als Andeutung dafür

verstanden werden könne, daß der »gottgeweihte Mensch« außer der Schrift nichts benötige. Indes, auch wenn der Mann Gottes »ausgerüstet« oder »befähigt« sein mag, so ist dies noch längst keine Garantie dafür, daß er weiß, wie bestimmte Schriftstellen richtig auszulegen und anzuwenden sind. Der Geistliche muß erst lernen, die Schriften richtig zu *verwenden*, mag er auch schon mit ihnen »ausgerüstet« sein.

Bemühen wir noch einmal einen Vergleich mit dem Studium der Medizin: Ein Student befindet sich am Beginn seiner Ausbildung zum Facharzt; das gesamte Instrumentarium, das zur Durchführung einer Operation notwendig ist, steht ihm Verfügung. In diesem Sinne wäre er für einen chirurgischen Eingriff »ausgerüstet« oder »befähigt«. In Wirklichkeit haben aber die chirurgischen Instrumente für ihn keinerlei Nutzen. Denn er hat zunächst mit erfahrenen Ärzten zusammenzuarbeiten, ihre Handgriffe zu beobachten, sich ihre Fähigkeiten anzueignen und selbst manche praktische Übungen vorzunehmen. Bis all dies geschehen ist, wäre die Verwendung der Instrumente durch ihn nicht nur nutzlos, sondern sogar gefährlich.

Genauso verhält es sich mit dem »gottgeweihten Menschen« und der Heiligen Schrift. Sie ist, genau wie das Operationsbesteck, zur Erhaltung des Lebens nur dann von Nutzen, wenn sie richtig angewandt wird. Geschieht letzteres nicht, so tritt der gegenteilige Effekt ein. Unsachgemäße Handhabung der Mittel ist in der

Medizin die Ursache gesundheitlicher Schädigung und womöglich des leiblichen Todes, so wie sie auf religiösem Gebiet geistigen Schiffbruch und schlußendlich den »Tod der Seele«, die ewige Verdammnis, zur Folge hat. Da die Bibel eigens »Bewährung« und »rechte Behandlung des Wortes der Wahrheit« einfordert (vgl. *2 Tim* 2,15), ist es also auch möglich, daß das Wort Gottes von einem *Unbewährten* auf *unsachgemäße Weise* behandelt wird – so wie ein noch nicht fertig ausgebildeter Medizinstudent, der das Operationsbesteck unsachgemäß verwenden würde.

Eine Interpretation der anderen oben genannten Schriftstelle (*Offb* 22,18–19) im Sinne der *Sola-Scriptura*-Lehre ist ebenfalls unmöglich, wie sich aus zwei Überlegungen ergibt. Die Stelle lautet: »Ich bezeuge einem jeden, der die Worte der Weissagung dieses Buches hört: Wenn jemand etwas zu denselben hinzu tut, auf den wird Gott alle die Plagen legen, welche in diesem Buche beschrieben sind. Und wenn jemand von den Worten des Buches dieser Weissagung hinwegnimmt, so wird Gott seinen Anteil von dem Buche des Lebens hinwegnehmen, und von der heiligen Stadt, und von dem, was in diesem Buche geschrieben ist.«

1) Wenn hier gesagt wird, daß zu den »Worten der Weissagung dieses Buches« nichts »hinzugetan« bzw. von ihnen »nichts hinweggenommen« werden darf, ist dies nicht auf die mündliche Überlieferung (die Tradition) – als eine angebliche »Hinzufügung zur Hl.

Schrift« – zu beziehen. Denn es ergibt sich aus dem Kontext, daß es sich bei dem hier gemeinten »Buch« um eben dieses Buch der *Offenbarung* handelt, und nicht um die Bibel als *Ganze*. Das erhellt daraus, daß der Verfasser des Buches, der hl. Apostel und Evangelist Johannes, sagt, daß jeder, der sich dessen schuldig macht, »diesem Buche« etwas »hinzuzufügen«, von den Plagen, die »in diesem Buche« beschrieben werden, heimgesucht werden wird. Gemeint sind damit die Plagen, die er zuvor in *diesem* Buch, der *Offenbarung des Johannes,* schildert. Etwas anderes zu behaupten, hieße, dem Text Gewalt anzutun und seinen offenkundigen Sinn zu verfälschen. Zumal die Bibel in der *Form*, wie sie uns heute vorliegt, zum damaligen Zeitpunkt noch nicht existierte und deshalb auch überhaupt nicht gemeint sein konnte.[6]

Zur Verteidigung ihrer Interpretation dieser Verse begegnet man bei Protestanten oft dem Argument: Gott, der im voraus wußte, welche Bücher im biblischen Kanon enthalten sein werden (und daß das Buch der Offenbarung deren letztes sein werde), habe mit den Versen 18–19 den Kanon »versiegeln« wollen. Diese Interpretation liest allerdings etwas in den Text hinein, was nicht in ihm enthalten ist. Außerdem stellt sich hier sofort die Frage, wie ein Christ ohne eine unfehlbare Instanz, die die Richtigkeit dieser Interpretation verbürgt, mit Sicherheit wissen könnte, daß die Worte der Schriftstelle *Offb* 22,18–19 den Kanon »versiegeln«? Wenn aber eine solche unfehlbare Autorität existiert, dann ist das *Sola-Scriptura*-Prinzip ipso facto null und nichtig.

2) Die Ermahnung, kein Wort hinzuzufügen oder hinwegzunehmen, findet sich auch in *Dtn* 4,2: »Füget nichts zu dem Worte, das ich zu euch spreche, hinzu, noch nehmet etwas davon weg; haltet die Gebote des Herrn, eures Gottes, die ich euch gebe.« In Anwendung des genannten Interpretationsschemas müßten alle Bücher der Hl. Schrift – außer den Bestimmungen des alttestamentlichen Gesetzes – als unkanonisch und damit als nicht zur Hl. Schrift gehörend betrachtet werden, was selbstverständlich auch das gesamte Neue Testament beträfe! Eine derartige These würde wiederum jeder Christ entschieden ablehnen. Das Verbot in *Offb* 22,18–19, etwas »hinzuzutun«, kann daher nicht bedeuten, daß ein Christ keine Autorität außer der Bibel anerkennen darf.

II

DIE BIBEL BEZEUGT, DASS DIE MÜNDLICHE ÜBERLIEFERUNG ALS ERGÄNZUNG DES GESCHRIEBENEN WORTES ANZUNEHMEN IST

Der hl. Paulus empfiehlt und befiehlt die Bewahrung der mündlichen Tradition, z.B. im *Ersten Korintherbrief*: »Ich lobe euch aber, Brüder! daß ihr in allem eingedenk seid, und meine Vorschriften haltet, sowie ich sie euch überliefert habe«. (*1 Kor* 11,2).[7] Der Völkerapostel äußert sich hier unzweideutig in dem Sinne, daß die mündliche Tradition zu bewahren ist, und es ist zu beachten, daß er die Gläubigen nachdrücklich dafür belobigt, dies auch getan zu haben (»Ich lobe euch...«). Ausdrücklich wird hier auch gesagt, daß diese apostolische mündliche Überlieferung zur Gänze und unverfälscht bewahrt worden ist, wie es Christus als Wirkung des Beistands des Heiligen Geistes verheißen hatte (vgl. *Joh* 16,13).

Den vielleicht deutlichsten biblischen Rückhalt findet der Stellenwert der mündlichen Überlieferung im Zweiten Brief an die Thessalonicher, in welchem den Christen im eigentlichen Sinne befohlen wird: »So stehet denn fest, Brüder! und haltet an den Überliefe-rungen, die ihr gelernt habt, sei es durch mündliche Rede, sei es durch ein Schreiben von uns« (*2 Thess* 2,14). Dieser Passus ist von erheblicher Bedeutung, denn er enthält die Aussagen: a) Es gibt innerhalb der apostolischen Lehre lebendige Überlieferungen. b) Die Christen sind eindeutig in der Glaubenslehre fest begründet, wenn sie an diesen Überlieferungen festhalten. c) Solche Überlieferungen existieren sowohl in schriftlicher als auch in mündlicher Form. Mit welcher Begründung wollen nun Protestanten mündliche Überlieferungen zurückweisen, nachdem die Bibel hier klar feststellt, daß solche authentischen mündlichen Überlieferungen der Apostel als gültiger Bestandteil der Glaubenshinterlage »zu halten« sind? Mit welchem Recht lehnen sie eine unmißverständliche Anordnung des hl. Paulus ab?

Weiterhin ist der genaue Wortlaut zu beachten. Das griechische Wort κρατεῖτε, hier übersetzt mit »halten«, bedeutet »tapfer sein«, »mächtig sein« oder »sich durchsetzen«.[8] Das sind sehr starke Worte, die die Wichtigkeit des Festhaltens an den Traditionen zeigen. Natürlich muß zwischen der göttlichen Tradition, die Bestandteil der Offenbarung ist, und den Traditionen, die kirchlichen Ursprungs sind, unterschieden werden. Letztere haben ihren hohen Wert, sind jedoch nicht Bestandteil des Glaubensgutes. Die Kindertaufe z.B. gehört zur göttlichen Tradition, während der liturgische Heiligenkalender Teil der kirchlichen Tradition ist. Jede göttliche

Tradition ist, da Bestandteil der Offenbarung, unveränderlich, während (rein) kirchliche Traditionen von der Kirche geändert werden können. Die göttliche Tradition ist Glaubensregel, denn anhand ihrer wird klar, was die Kirche zu allen Zeiten geglaubt und wie sie die Heilige Schrift immer verstanden hat. Einer der wichtigsten Wege, wie die göttliche Tradition auf uns gekommen ist, besteht in den Lehraussagen, die in den alten Texten der Liturgie, also dem öffentlichen Kult der Kirche, enthalten sind.

Es soll hier nicht unerwähnt bleiben, daß Protestanten den Katholiken vorwerfen, auf der Grundlage der Tradition »unbiblischen« oder »neuen« Lehren Vorschub leisten zu wollen. Denn eine solche Tradition sei ja der Bibel fremd. Das trifft jedoch überhaupt nicht zu. Die katholische Kirche lehrt, daß die Tradition durchaus nichts enthält, was der Bibel in irgendeiner Weise widerspricht. Manche katholischen Theologen sind sogar der Meinung, daß der ganze Inhalt der Tradition sich auch in der Bibel finde, sei es auch nur in impliziter und keimhafter Form. Ob diese These aber nun zutrifft oder nicht: In jedem Falle besteht zwischen beiden ein völliger Einklang und eine wechselseitige Stützung der jeweils in ihnen enthaltenen Lehren. Freilich führt die Kirche zur theologischen Begründung einiger ihrer Lehren eher Belege aus der Tradition als aus der Schrift an, aber auch solche Lehren sind in der Schrift oft einschlußweise enthalten, bzw. es finden sich in ihr

Hinweise auf sie. Die folgenden beispielsweise sind hauptsächlich auf die heilige Tradition gegründet: die (Möglichkeit und Notwendigkeit der) Kindertaufe, der biblische Kanon, die immerwährende Jungfräulichkeit der Gottesmutter, die Feier des Sonntags (anstatt des Samstags) als Tag des Herrn und die leibliche Aufnahme der allerseligsten Jungfrau Maria in den Himmel.

Weil die heilige Überlieferung unser Verständnis der Bibel vervollständigt, ist sie keine Quelle der Offenbarung, die zu ihr in keiner Beziehung stehen oder Lehren enthalten würde, die ihr fernliegen. Die heilige Überlieferung dient vielmehr der Kirche als ihr lebendiges Gedächtnis, indem sie sie daran erinnert, was von allen Gläubigen immer und übereinstimmend als zum Glaubensgut gehörend festgehalten wurde, und wie bestimmte Stellen der Heiligen Schrift zu verstehen sind.[9] Die heilige Überlieferung sagt gleichsam dem Leser der Bibel: »Du hältst ein überaus wichtiges Buch in Händen, dessen Inhalt von Gott geoffenbart ist. Ich werde dir nun erklären, wie dieses Buch von den Gläubigen schon immer verstanden worden und in die Tat umgesetzt worden ist.«

III

DIE BIBEL BEZEICHNET DIE KIRCHE – UND NICHT DIE BIBEL – ALS »SÄULE UND GRUNDFESTE DER WAHRHEIT«

Besonders bemerkenswert ist, daß im *Ersten Timotheusbrief* (*1 Tim* 3,15) die Kirche – d.h. die lebendige Gemeinschaft der Gläubigen, die auf den heiligen Petrus und die Apostel gegründet wurde und deren Leitung durch die Zeit den Nachfolgern der Apostel anvertraut ist – als »Säule und Grundfeste der Wahrheit« bezeichnet wird. Selbstverständlich wird hier keineswegs die Wichtigkeit der Bibel herabgestuft, wohl aber wird ausgesagt, daß Christus eine Kirche eingesetzt hat, die über Autorität und Lehrgewalt verfügt und die den Auftrag hat, »alle Völker« zu lehren (*Mt* 28,19). An anderer Stelle erhält ebendiese Kirche von Christus die Verheißung, daß die Pforten der Hölle sie nicht überwältigen werden (*Mt* 16,18), daß er immer bei ihr sein (*Mt* 28,20) und ihr den Heiligen Geist senden wird, der sie in alle Wahrheit einführt (*Joh* 16,13). Christus verhieß dem (künftigen) sichtbaren Oberhaupt seiner Kirche: »Und dir werde ich die Schlüssel des Himmelreiches geben. Was du immer binden wirst auf Erden, das wird auch im Himmel gebunden sein; und was du immer lösen wirst auf Erden, wird auch im Himmel gelöst sein.« (*Mt* 16,19) Aus diesen Stellen der Hl. Schrift geht eindeutig hervor, daß Christus die Autorität seiner Kirche ebenso betont hat, wie die Bedeutung, die sie für die Bewahrung und lehrmäßige Festlegung der Glaubenshinterlage[10] haben wird.

Ebenso klar zeigen die angeführten Schriftstellen, daß diese Kirche unfehlbar sein wird. Denn wenn sie im Laufe der Geschichte zu irgendeinem Zeitpunkt der Gemeinschaft der Gläubigen als ganzer in Dingen der Glaubens- und Sittenlehre autoritativ einen Irrtum verkünden würde – und sei es auch nur zeitweilig –, würde sie aufhören, »Säule und Grundfeste der Wahrheit« zu sein. Weil nun eine »Grundfeste« (ein Fundament) fortdauernde Stabilität garantieren muß, und weil die oben genannten Schriftstellen nur so verstanden werden können, daß von der Kirche niemals eine autoritative Lehre vorgelegt werden kann, die Irrtümer in Dingen des Glaubens und der Moral enthält, steht fest, daß Christus eine unfehlbare Kirche gegründet hat: »Säule und Grundfeste der Wahrheit«.

Hier befindet sich der Protestant in einem Dilemma, besteht doch ihm zufolge die einzige Glaubensregel in der Bibel: Denn wie kann die Kirche »Säule und Grundfeste der Wahrheit« sein, wenn sie von Christus nicht als eine unfehlbare Autorität eingesetzt wurde? Wie kann die Kirche »Säule und Grundfeste« sein, wenn sie keine konkrete, praktische Möglichkeit hat, dem Christen für sein Leben authentische Führung zu bieten? Der Protestant würde die Kirche als »Säule und Grundfeste der Wahrheit« tatsächlich ablehnen, indem er ihr die Lehrvollmacht aberkennt.

Nun verstehen Protestanten unter dem Begriff »Kirche« etwas anderes als Katholiken. Für Protestanten ist »die Kirche« eine unsichtbare Größe, und ihnen zufolge ist sie ein Sammelbegriff für all diejenigen, die weltweit an Christus glauben, ungeachtet der erheblichen Lehrunterschiede und der Zugehörigkeit zu bestimmten Gemeinschaften. Im Gegensatz dazu verstehen Katholiken die Kirche als den Mystischen Leib Christi, und diesen als eine sichtbare, historische institutionelle Größe. Diese – und nur diese – Institution kann in lückenloser Kontinuität bis auf die Apostel zurückgeführt werden: die katholische Kirche. *Diese* Kirche, und zwar *einzig* diese Kirche, hat während der gesamten Zeit ihres Bestehens ihre Lehre völlig ungebrochen bewahrt, und deswegen kann nur diese Kirche den Anspruch darauf erheben, »Säule und Grundfeste der Wahrheit« zu sein.

Vergleicht man damit den Protestantismus, so ist festzustellen, daß er im Laufe der Geschichte viele lehrmäßige Schwankungen und Änderungen erlebt hat; nicht einmal zwei protestantische Gruppierungen stimmen ganz miteinander überein, was sogar für wichtige Punkte des jeweiligen Lehrsystems festzustellen ist. Ein solches Schwanken und Ändern kann aber unmöglich als ein Fundament oder als eine »Grundfeste der Wahrheit« verstanden werden. Wenn das Fundament eines Gebäudes instabil ist oder falsch gelegt wurde, bildet es keine verläßliche Stütze (vgl. *Mt* 7,26–27). Da sich in der Praxis die Lehren des Protestantismus innerhalb der jeweiligen Konfessionen verändern, und da ständig neue Konfessionen entstehen, gleichen diese Lehren einem sich dauernd verschiebenden und verlagernden Fundament. Und deswegen fehlt diesen Lehren die Festigkeit, die notwendig ist, das Gebäude, das sie stützen sollen, aufrechtzuerhalten. Und ein solches Gebäude erweist sich somit als brüchig. Unser Herr beabsichtigte klarerweise nicht, daß seine Nachfolger ihr geistliches Haus auf einen solch unsicheren Grund bauen sollten.

IV

CHRISTUS BEFIEHLT, DASS WIR UNS DER AUTORITÄT DER KIRCHE UNTERWERFEN

In *Mt* 18,15–18 sehen wir, daß Christus seinen Jüngern Anweisungen darüber gibt, wie ein Glaubensgenosse zu korrigieren ist. Sehr beeindruckend wird geschildert, wie Christus hier als letztverbindliche Autorität nicht die Schrift, sondern die Kirche anführt. Er selbst sagt, daß wenn ein Gläubiger, der Anstoß erregt, »auf die Kirche nicht hört … wie der Heide oder der Zöllner« (*Mt* 18,17) anzusehen sei, also wie ein (ab diesem Zeitpunkt) Außenstehender. Ferner betont Christus hier erneut die unfehlbare Lehrautorität der Kirche, indem er seine frühere Aussage über die Binde- und Lösegewalt wiederholt (*Mt* 16,18–19), und zwar diesmal an die Apostel insgesamt[11] gerichtet, anstatt nur an Petrus: »Wahrlich, ich sage euch, was ihr immer auf Erden binden werdet, wird auch im Himmel gebunden sein; und was ihr immer auf Erden lösen werdet, wird auch im Himmel gelöst sein!« (*Mt* 18,18).

Freilich gibt es Bibelstellen, in denen sich Christus auf die Schrift bezieht, doch dort lehrt er selbst *kraft seiner Autorität* das, was in den Schriften enthalten ist: Die Schriften werden angeführt, aber nicht so, daß sie für sich selbst sprechen sollen. So antwortet er den Schriftgelehrten und Pharisäern aus dem Grund unter Hinweis auf die Schriften, weil sie des öfteren versuchen, ihm mittels dieser eine Falle zu stellen. Häufig zeigt Christus in solchen Fällen die Falschheit der von den Schriftgelehrten und Pharisäern vorgenommenen Deutung der Schriften auf, indem er sie selbst richtig deutet.

Aus dem Handeln Christi ergibt sich keineswegs, daß die Schriften »allein«, als eigenständige Autorität – oder gar als die einzige Autorität für Christen – zu gelten haben. Im Gegenteil: Immer dann, wenn Christus seine Zuhörer auf die Schriften verweist, gibt er zugleich seine eigene, autoritative und unfehlbare Deutung derselben – und zeigt so, daß sie sich nicht »selbst deuten«.

Die katholische Kirche anerkennt ohne weiteres die Irrtumslosigkeit und Autorität der Heiligen Schrift. Aber es ist Lehre der Kirche, daß die *nächste* (unmittelbare) Glaubensregel in der Lehrautorität der Kirche besteht – der Autorität, den Inhalt sowohl der Schrift als auch der Tradition verbindlich zu lehren und zu deuten, wie es die Schriftstelle *Mt* 18,17–18 zeigt.

Es ist außerdem darauf hinzuweisen, daß in dieser Schriftstelle einschlußweise (wenn nicht sogar ausdrücklich) die Tatsache ausgesagt wird, daß die »Kirche« als eine sicht- und greifbare Autorität angesehen werden muß, die als eine Hierarchie eingerichtet ist. Wie anders könnte man wissen, auf wessen Urteil der Irrende zu verweisen ist? Träfe der protestantische Kirchenbegriff zu, hätte der Irrende alle und jeden Gläubigen zu »hören« – in der Hoffnung, daß diese in der in Frage stehenden Angelegenheit zu einem gemeinsamen Standpunkt gelangen. Die Absurdität eines derartigen Szenarios leuchtet unmittelbar ein. Der einzige Weg, die Aussage Christi wirklich zu begreifen, besteht darin, anzuerkennen, daß hier von einer klar umrissenen Institution die Rede ist, die konkret angehbar ist und die ein verbindliches Urteil ausspricht.

V

DIE BIBEL SELBST SAGT, DASS SIE FÜR SICH ALLEIN NICHT ALS LEHRINSTANZ AUSREICHT, SONDERN EINES AUSLEGERS BEDARF

Die Bibel sagt in *2 Tim* 3,17, daß der »gottgeweihte Mensch ... vollkommen werden« muß, »zu jedem guten Werke geschickt«. Wie wir bereits oben gesehen haben, bedeutet dies, daß der gottgeweihte Mensch zwar über die Schriften der Bibel vollumfänglich verfügt, daß dies indes keine Garantie dafür ist, daß er weiß, wie diese richtig zu interpretieren sind. Allenfalls könnte man diese Stelle im Sinne einer »materiellen Suffizienz« der Bibel verstehen, eine Position, die gegenwärtig von einigen vertreten wird.[12]

Mit »materieller Suffizienz« der Bibel ist gemeint, daß sie auf irgendeine Weise alle Wahrheiten enthalte, die der Gläubige kennen muß, daß daher alle diese Gegenstände (Materien) in ihr, und sei es auch nur implizit, enthalten seien.[13] Im Gegensatz dazu würde eine »formelle Suffizienz« nicht nur bedeuten, daß diese Wahrheiten in der Bibel enthalten sind, sondern daß sie darüber hinaus in ganz klarer, vollständiger und leicht verständlicher Form in ihr ausgesagt würden. Mit anderen Worten: Dieser Position zufolge wären diese Wahrheiten in der Bibel in einer ohne weiteres faßbaren Form enthalten; infolgedessen bestünde keine Notwendigkeit einer ergänzenden Erklärung durch die Tradition bzw. einer unfehlbaren Lehrautorität, die die richtige Interpretation des Wortes Gottes gewährleistet.

Weil die katholische Kirche daran festhält, daß die Bibel allein nicht genügt, ist klar, daß die Bibel nach der Lehre der Kirche der Interpretation bedarf. Daß die Kirche dies lehrt, hat zwei Gründe: Erstens hat Christus ein aus lebendigen Menschen bestehendes Lehramt eingesetzt, das mit der Autorität Christi zu lehren hat. Christus hat seinen Jüngern nicht eine vollständige Bibel in die Hand gegeben, ihnen dann geboten, Abschriften der Bibel anzufertigen, diese in der ganzen Welt zu verbreiten und im übrigen deren Interpretation dem Belieben von Einzelpersonen anheimzustellen, gleichgültig, wie eine solche Interpretation ausfallen möge. Zweitens wird in der Bibel selbst gesagt, daß sie der Interpretation bedarf.

Was letzteren Punkt betrifft, lesen wir im *Zweiten Petrusbrief* (*2 Petr* 3,16), daß in den Briefen des heiligen Paulus manches behandelt wird, das nicht ohne weiteres jedem verständlich ist: »[Wie] auch in allen seinen Briefen, wenn er von diesen Dingen redet, in welchen manches Schwerverständliche vorkommt, was die Unwissenden und Schwankenden ebenso wie die übrigen Schriften zu ihrem eigenen Verderben verdrehen.«

Aus dieser Bemerkung des heiligen Petrus erhellen drei sehr wichtige Dinge in bezug auf die Bibel und ihre Interpretation: a) Die Bibel enthält Passagen, die keineswegs leichtverständlich oder klar sind; somit ergibt sich die Notwendigkeit einer autoritativen und unfehlbaren Lehrinstanz, die das richtige Verständnis dieser Passagen ermöglicht.[14] b) Es ist nicht nur eine bloße *Möglichkeit*, daß Menschen den Sinn der Schriften »verdrehen«, sondern dies geschah faktisch bereits seit den ersten Tagen des Bestehens der Kirche. c) Das »Verdrehen« des Schriftsinns kann für denjenigen, durch den es geschieht, das eigene »Verderben« zur Folge haben, und stellt somit eine echte Katastrophe dar. – Offensichtlich glaubte also der heilige Petrus nicht daran, daß die Schrift die einzige Glaubensregel sei.

Doch dies ist noch nicht alles: In der *Apostelgeschichte* (*Apg* 8,26–40) lesen wir den Bericht über die Begegnung des Diakons Philippus mit dem äthiopischen Kämmerer: der Heilige Geist gibt Philippus den Anstoß, sich zu dem Äthiopier zu gesellen. Nachdem Philippus bemerkt hat, daß der Äthiopier eine Stelle aus dem Propheten *Isaias* liest, stellt er ihm die bezeichnende Frage: »Verstehst du wohl, was du liesest?« Bezeichnender noch ist aber die Antwort: »Wie kann ich es, wenn mich niemand anleitet?«

Obwohl nun der Glaubensbote Philippus nicht zum Kreis der zwölf Apostel gehörte, so hatte er dennoch von den Aposteln die Weihe, den Auftrag (*Apg* 6,6) und die Vollmacht erhalten, das Evangelium zu verkünden (*Apg* 8,4–8). Infolgedessen mußte seine Verkündigung eine treue Wiedergabe der Lehre der Apostel sein. Die Bemerkung des Äthiopiers zeigt nun, daß die Bibel für sich genommen nicht zur Verkündigung der christlichen Lehre hinreicht. Sie zeigt auch, daß Menschen, die das Wort Gottes hören, eine Lehrautorität brauchen, die ihnen den Sinn der Bibel erschließt. Genügte die Bibel, dann wäre dem Kämmerer der Sinn der betreffenden Schriftstelle aus dem Propheten *Isaias* ohne nähere Erläuterung verständlich gewesen.

Zudem wird im *Zweiten Petrusbrief* (*2 Petr* 1,20) festgestellt, »daß keine Weissagung der Schrift Sache eigener Auslegung ist.« Hier macht die Bibel selbst in unzweideutiger Weise klar, daß es nicht eigenmächtigem Ermessen von Einzelpersonen überlassen ist, Prophetien zu interpretieren. Höchst bezeichnend ist es auch, daß der genannten Schriftstelle eine Passage über das Zeugnis der Apostel vorangestellt ist (Verse 12–18), und daß im Anschluß (2. Kapitel, Verse 1–10) über falsche Lehrer gehandelt wird. Offenbar will der heilige Petrus hier den Gegensatz zwischen der apostolischen Verkündigung und derjenigen der falschen Lehrer und Propheten hervorheben, wobei gerade die Privatinterpretation von ihm als das Kriterium betont wird, das erstere von letzterer unterscheidet. Hier tritt zutage, daß eine solche Privatinterpretation ein Weg ist, durch den sich der Mensch von der authentischen Lehre abkehrt und beginnt, sich einer Irrlehre zuzuwenden.

VI

DIE ERSTEN CHRISTEN VERFÜGTEN ÜBER KEINE BIBEL

Neuere Bibelwissenschaftler sind der Meinung, daß das letzte Buch des Neuen Testamentes um die Jahrhundertwende des 1. Jahrhunderts entstanden ist (etwa im Jahr 90 bis 100).[15] Zwischen der Himmelfahrt Christi und dem Abschluß der Niederschrift der neutestamentlichen Schriften besteht jedenfalls eine Lücke (von vielleicht 55 bis 60 Jahren). Und hier ergibt sich die notwendige Frage, wer während dieser Zeit die unfehlbare, letztinstanzliche Lehrautorität ausgeübt hat.

Träfe das protestantische *Sola-Scriptura*-Prinzip zu, dann hätten bestimmte Probleme und lehrmäßige Fragen während dieses Zeitraums letztlich nicht gelöst werden können – bis eben alle Bücher des Neuen Testamentes vorlagen. Somit hätte dem Schiff, um es in einem Vergleich zu sagen, einige Zeit lang das Steuerruder gefehlt. Dies jedoch würde den Aussagen und Verheißungen Christi über seine Kirche zuwiderlaufen, insbesondere: »Und siehe, ich bin bei euch alle Tage bis an das Ende der Welt« (*Mt* 28,20). Abgesehen davon hat er seinen Jüngern versprochen: »Ich werde euch nicht als Waisen zurücklassen« (*Joh* 14, 18).

Die Frage ist deshalb von besonderer Bedeutung, weil die ersten Jahrzehnte des Lebens der Kirche sehr unruhig verliefen. Schon hatten Verfolgungen eingesetzt, Gläubige erlitten das Martyrium, die neue Botschaft des Glaubens mußte verbreitet werden, auch waren bereits Irrlehren aufgekommen (vgl. *Gal* 1,6–9). Wäre die Bibel die einzige Glaubensregel für Christen, ist es unerfindlich, wie die Kirche, ohne irgendeine verbindliche Autorität, lehrmäßige Fragen (während der ersten, mindestens 55 Jahre nach der Himmelfahrt Christi) hätte lösen können, da die biblischen Schriften noch nicht vollständig existierten (geschweige der verbindliche Kanon dieser Schriften).

Nun könnte ein Protestant geneigt sein, zweierlei Ansätze zur Beseitigung dieser Schwierigkeit vorzuschlagen: 1. Zeitweilig, während die neutestamentlichen Schriften im Entstehen begriffen waren, bildeten die Apostel die höchste Autorität. 2. Der Heilige Geist war der Kirche gesandt worden, und seine direkte Führung überbrückte die zeitliche Lücke, die zwischen der Himmelfahrt Christi und der Vervollständigung des Neuen Testamentes bestand.

Darauf ist zu entgegnen: 1. Wenngleich es zutrifft, daß Jesus Christus die Apostel mit seiner Autorität ausstattete, so wird in der Bibel doch nirgends gesagt, daß die aktive Funktion dieser Autorität mit dem Tode des letzten Apostels enden würde. Das Gegenteil der Fall; die Bibel sagt a) nicht, daß nach dem Hinscheiden des letzten Apostels das geschriebene Wort die letztinstanzliche Autorität sein werde; b) vielmehr, daß die Apostel eindeutig Nachfolger bestimmt haben, die ihrerseits über dieselbe Autorität verfügten, »zu binden und zu lösen«, wie sie selbst. Dies kann an der Erwählung des Matthias als Ersatz für Judas Iskariot ebenso gezeigt werden, wie am Beispiel des heiligen Paulus, der seine apostolische Autorität dem Timotheus bzw. dem Titus übertragen hat (vgl. *2 Tim* 1,6 und *Tit* 1,5). Übrigens würde ein Protestant, der auf der Autorität der Apostel bestehen würde, in diesem Punkt der Lehre der katholischen Kirche beipflichten.

2. Die Berufung auf den Heiligen Geist, der die zeitliche Lücke überbrückt habe, wäre für einen Protestanten insofern mißlich, als dies die Inanspruchnahme eines außerbiblischen (nicht in der Schrift enthaltenen) Führungs- und Autoritätsprinzips darstellen würde. Zwar schildert die Bibel fraglos sowohl die Gegenwart des Heiligen Geistes bei den Gläubigen, wie sie auch davon spricht, daß er es ist, der die Jünger »in alle Wahrheit einführt«. Aber wenn während der ersten 55 bis 65 Jahre die höchste Autorität in der *direkten* Führung des Heiligen Geistes bestanden hätte, so hätte die Kirche sukzessive zwei höchste Autoritäten gekannt: zunächst die des Heiligen Geistes, dessen Autorität dann aber durch die der Bibel ersetzt worden wäre; letztere wäre dann zur

einzigen (*sola*), höchsten Autorität geworden. Wenn es jedenfalls aus protestantischer Sicht möglich ist, auch eine außerbiblische höchste Autorität anzuerkennen, so könnte dies als ein möglicher Anknüpfungspunkt an den katholischen Standpunkt erscheinen. Dieser besagt, daß die höchste Autorität in der letztverbindlichen Lehrautorität der Kirche besteht, die diese ebenso von Christus erhalten hat, wie ihre Lehre aus der Schrift und der Tradition – unter der Führung des Heiligen Geistes, wie Christus es verheißen hat (*Joh* 14,16–17).

Der Heilige Geist wurde der Kirche von Jesus Christus gesandt, und es ist genau derselbe Geist, der das sichtbare Oberhaupt der Kirche, den Papst, sowie die anderen Inhaber der kirchlichen Lehrautorität davor bewahrt, in Irrtum zu fallen. Jeder Katholik glaubt daran, daß Christus der Kirche wirklich den Heiligen Geist gesandt hat, der sie in alle Wahrheit einführt (*Joh* 16,13) und ihr immer die Reinheit ihrer Lehre garantiert, insbesondere durch das Papstamt. Daher wäre die Frohe Botschaft immer, und zwar autoritativ und unfehlbar, verkündet worden – auch dann, wenn niemals ein einziger Buchstabe des Neuen Testamentes niedergeschrieben worden wäre.

VII

DIE KIRCHE HAT DIE BIBEL HERVORGEBRACHT – NICHT UMGEKEHRT

Die Anhänger der *Sola-Scriptura*-Lehre übersehen (bzw. vernachlässigen in hohem Maße) die Tatsache, daß die Kirche vor der Bibel existiert hat – und nicht etwa umgekehrt. Tatsächlich hat *die Kirche* die Bibel unter göttlicher Eingebung verfaßt: die Israeliten als die Kirche des Alten Testamentes (»Proto-Katholiken«), die Katholiken der (Frühzeit) als die Kirche des Neuen Testamentes.

Wenn wir das Neue Testament lesen, sehen wir, wie Christus die Vorrangstellung der Kirche und ihrer in seinem Namen erfolgenden Verkündigung betont: Z.B. in *Mt* 28,20 gibt Christus den Aposteln den Auftrag, hinzugehen, in seinem Namen zu *lehren* und alle Völker zu seinen Jüngern zu machen. Bei *Mk* 16,15 wird den Aposteln befohlen, in die ganze Welt zu gehen und zu *predigen.* Bei *Lk* 10,16 sagt Christus seinen Jüngern, daß derjenige, der sie *hört,* ihn hört. Diese Worte Christi sind höchst aufschlußreich, *auch weil wir andererseits nirgends im Neuen Testament von einem Auftrag Christi lesen, die Welt durch das Verfassen von Schriften für das*

Evangelium zu gewinnen. Hervorgehoben wird immer die *Predigt* des Evangeliums, nicht dessen schriftliche Niederlegung und Verbreitung.

Daraus folgt, daß die kirchliche Autorität und dessen Lehramt unverzichtbar sind, um die Verbreitung der Botschaft des Evangeliums in der ganzen Welt umzusetzen. Da nun die Kirche selbst die Evangelien hervorgebracht hat, ist es völlig biblisch, logisch und vernunftgemäß, daß auch nur die Kirche die Autorität besitzt, die Bibel richtig zu interpretieren und konkret zur Geltung zu bringen. Und wenn es sich so verhält, dann kann die Bibel aufgrund ihrer Eigenart und ihres Ursprungs nicht die *einzige* Glaubensregel für Christen sein. Anders gesagt: Indem die Kirche die Hl. Schriften verfaßt, macht sie sich selbst nicht als Lehrerin und Interpretin derselben überflüssig.

Ist es übrigens nicht schlicht unvernünftig, zu behaupten, die Kirche habe durch die schriftliche Fixierung der apostolischen Lehre ihre mündliche Verkündigung dem geschriebenen Wort untergeordnet? So wie die Lehrinstanz, die Christus begründet hat, besitzt sein schriftlich fixiertes Wort Autorität. Letzteres hat eine bestimmte Form, von der man aber nicht behaupten kann, daß sie als solche über einer anderen stehe: Das eine Wort Gottes ergeht an uns in zweifacher Form, weshalb die Ablehnung der einen Form zugleich die Ablehnung der anderen bedeuten würde. Die beiden Formen stehen in einem Verhältnis der Komplementarität, nicht der

Konkurrenz. Wenn also die Bibel notwendig ist, dann ist es auch die Lehrautorität, die sie hervorgebracht hat.

VIII

DIE IDEE, DIE BIBEL SEI – UNABHÄNGIG VON DER KIRCHLICHEN LEHRAUTORITÄT – EINE EIGENSTÄNDIGE AUTORITÄT, IST DER FRÜHEN KIRCHE VÖLLIG FREMD

Wer einen Blick in die Schriften der frühen Kirchenväter wirft, sieht, wie darin Bezug auf die apostolische Sukzession genommen wird,[16] ebenso auf die Bischöfe als Wächter über das Glaubensgut[17] und auf den Primat sowie die Autorität Roms.[18] Die Zusammenschau dieser Äußerungen der Kirchenväter zeigt klar, daß es auch im Verständnis der frühen Kirche eine Hierarchie gibt, die die Bewahrung der Reinheit des Glaubensgutes gewährleistet. Es findet sich keinerlei Hinweis darauf, daß die kirchliche Autorität in der frühen Christenheit geringgeschätzt oder nicht als Glaubensregel anerkannt worden wäre. Ganz im Gegenteil: Die in den Fußnoten angeführten Stellen bei den Kirchenvätern zeigen, daß die Kirche von Anfang an ihre Lehrautorität als durch Schrift und Tradition belegbar betrachtet. Ebenso wird es als Aufgabe des Lehramtes (an dessen Spitze der Bischof von

Rom steht) gesehen, Schrift und Tradition autoritativ vorzulegen und zu interpretieren.

Die Idee, die frühe Kirche habe an »die Schrift allein« geglaubt, käme der Vorstellung gleich, heutige Staatsbürger verträten die Meinung, es existierten Gesetze ohne staatlichen Gesetzgeber, ohne Gerichte, die die Gesetze interpretieren, und auch ohne eine Polizei, die diese Gesetze notfalls durchsetzt. In jedem Haushalt hätten die entsprechenden Gesetzbücher verfügbar zu sein, und so könnte jeder für sich entscheiden, wie jedes beliebige Gesetz zu verstehen und anzuwenden sei. Diese absurde Vorstellung zeigt natürlich, daß derartige »Gesetze« keinerlei Wirkung hätten. Infolgedessen würde die Gesellschaft unausweichlich in vollständige Anarchie absinken.

Noch absurder ist aber dann die Meinung, die Bibel hätte eine eigenständige Funktion, unabhängig von der Kirche, aus der sie hervorgegangen ist. Es ist genau diese Kirche – und nicht jeder beliebige Christ –, die im Alleinbesitz der gottgesetzten Autorität ist, sie richtig zu interpretieren, wie auch Gesetze zu erlassen, die das Verhalten der Gläubigen bestimmen. Wäre dem nicht so, so würde sich sowohl auf lokaler, wie auch auf regionaler oder globaler Ebene ein Zustand geistiger Anarchie einstellen, in dem jeder einzelne Christ auf der Grundlage seiner Privatinterpretation der Bibel sein eigenes System der Glaubens- und Sittenlehre ersinnen würde.

Und waren nicht genau dies die Folgen der sogenannten Reformation im 16. Jahrhundert? Eine Übersicht über die Zustände in Europa – insbesondere in Deutschland –, die nach der »Reformation« eingetreten sind, ergibt, daß deren direkte Konsequenz in geistiger und sozialer Verwilderung bestanden hat.[19] Luther selbst klagte: »Wie man siehet, daß die Leute jezund ruchloser, geiziger, unbarmherziger, unzüchtiger und ärger sind, denn zuvor unter dem Papsttum.«[20]

IX

EINE INTERPRETATION DER BIBEL, DIE VON TRADITION UND LEHRAMT ABSIEHT, BILDET DIE GRUNDLAGE FÜR HÄRETISCHE BEWEGUNGEN

Die Kirche hatte stets gegen die von Häresien und ihren Urhebern ausgehenden Gefahren zu kämpfen. Immer wieder reagierte sie auf die Herausforderungen der Häretiker, indem sie Konzilien[21] einberief. Rom entschied auf diese Weise über die jeweiligen doktrinellen und disziplinären Streitpunkte. So intervenierte z.B. Papst Klemens im ausgehenden 1. Jahrhundert in einer Auseinandersetzung, die in der Kirche von Korinth entstanden war. Papst Viktor drohte im 2. Jahrhundert in einem Konflikt über den Termin der Osterfeier einem großen Teil der Ostkirche die Exkommunikation an. Im frühen 3. Jahrhundert verurteilte Papst Kalixtus die Häresie des Sabellius.

Im Falle dieser Häresien bzw. der Auseinandersetzungen, die disziplinäre Fragen betrafen, haben sich die Betreffenden zur Verteidigung ihres von der Glaubenslehre abweichenden Standpunktes auf eine von Tradition und Lehramt losgelöste Interpretation der Bibel berufen. So auch im Fall des Arius (ein Priester, der im 4. Jahrhundert lebte): dieser behauptete, der Sohn Gottes sei ein Geschöpf und deswegen Gott dem Vater nicht wesensgleich.

Arius und seine Anhänger führten Stellen der Heiligen Schrift an, um ihre Meinung zu »beweisen«.[22] Die Auseinandersetzungen um die arianische Lehre nahmen schließlich ein solches Ausmaß an, daß zu ihrer Beilegung im Jahre 325 das erste Allgemeine Konzil einberufen wurde: das Konzil von Nizäa. Unter der Autorität des Papstes verurteilte das Konzil die arianische Lehre als Häresie und entschied weitere wichtige Punkte, die die Christologie betrafen. Grundlage für die Entscheidungen des Konzils bildeten die Aussagen der Tradition, anhand derer über die von Arius ins Feld geführten »biblischen Argumente« befunden wurde.

Hier sehen wir, wie die Lehrautorität der Kirche einen Gegenstand von äußerster Wichtigkeit in letzter Instanz entschieden hat. Hätte man diese letzte Instanz nicht anrufen können, so wäre die arianische Irrlehre in der ganzen Kirche übernommen worden. Es steht fest, daß damals die Mehrheit der Bischöfe dieser Irrlehre verfallen war.[23] Arius selbst hatte sich zur Begründung seiner Anschauungen auf »die Schrift, wie sie sich selbst deutet«, berufen, und gelangte so zu einer häretischen Schlußfolgerung. Hier schritt nun die hierarchisch verfaßte Kirche ein und verwarf die falsche Meinung des Arius.

Die Anwendung dieses historischen Beispiels kann nicht schwerfallen: Wenn man einen (»bekenntnistreuen«) Protestanten fragt, ob Arius recht hatte, so wird die Antwort natürlich negativ ausfallen. Hier wäre dann nachdrücklich darauf hinzuweisen, daß Arius, der sich des Prinzips der »Selbstinterpretation der Schrift« bedient hatte, zu einem falschen Ergebnis kam. Wenn dies nun bei Arius der Fall war, dann fragt man sich, wie dann der Protestant sicher sein kann, daß seine eigene Deutung einer Schriftstelle zutrifft? Schon die Tatsache, daß der Protestant weiß, daß die arianische Interpretation der Schrift häretisch war, zeigt, daß es eine objektiv wahre, zutreffende Interpretation derjenigen Bibelstellen gibt, auf die Arius sich bezogen hat. Demnach ist die Frage zu stellen: Wie kann man erkennen, welche Interpretation einer Bibelstelle die richtige ist? Die Antwort kann nur lauten, daß notwendigerweise eine unfehlbare Autorität existieren muß, die uns die richtige Interpretation zu geben vermag: Diese unfehlbare Autorität, die katholische Kirche, ist es, die Arius zum Häretiker erklärt hat. Hätte die katholische Kirche nicht in unfehlbarer, verbindlicher Form die Lehre des Arius verurteilen können, dann wäre es schlechterdings unerfindlich, weshalb ein Christ diese Lehre zurückweisen muß – und dann wäre es auch denkbar, daß die gesamte heutige Christenheit der immer noch existierenden Irrlehre des Arius anheimfiele.

Folglich ist es offensichtlich, daß die Bibel für sich genommen keinerlei Gewähr dafür bietet, die wahre Lehre zu erkennen. Was geschieht, wenn man die irrige *Sola-Scriptura*-Lehre zum Leitprinzip erklärt, ist anhand des oben geschilderten Ergebnisses eines solchen Versuchs ersichtlich. Und auch am Beispiel der vielen anderen Häresien, die die Kirche im Laufe der Geschichte zu bekämpfen hatte, kann unwiderleglich aufgezeigt werden, daß die *Sola-Scriptura*-Lehre falsch ist.

X

DER BIBLISCHE KANON WURDE NICHT VOR DEM 4. JAHRHUNDERT FESTGELEGT

Die historische Tatsache, daß der biblische Kanon – das authentische Verzeichnis der Bücher, die zur göttlich inspirierten Hl. Schrift gehören – nicht vor dem Ende des 4. Jahrhunderts festgelegt wurde, erweist sich für Protestanten als höchst unangenehm. Vor diesem Zeitpunkt bestanden mancherlei Meinungsverschiedenheiten darüber, welche dieser Bücher als inspiriert und apostolischen Ursprungs zu betrachten sind. Dasjenige, was als der biblische Kanon galt, war nicht überall das gleiche: Einige dieser Verzeichnisse enthielten Bücher, die später als nichtkanonische Schriften identifiziert wurden; in anderen Verzeichnissen fehlten Bücher, die später als kanonisch festgelegt wurden. So gab es einige frühchristliche Schriften, die von einigen für inspiriert und apostolischen Ursprungs gehalten wurden, die sogar innerhalb der Liturgie zur Verlesung kamen, die jedoch später als nicht zum neutestamentlichen Kanon gehörig erklärt wurden (u.a. der *Hirte des Hermas, Barnabasbrief*, die *Zwölfapostellehre*).[24]

Das definitive Verzeichnis der kanonischen Bücher wurde erst durch die Synode von Rom (382) und die Konzilien von Hippo (393) und Karthago (397) erstellt (die Verzeichnisse dieser Konzilien sind identisch).[25] Seitdem gab es keinerlei Meinungsverschiedenheiten über den biblischen Kanon mehr, und zwar bis zum Jahr 1517, als – wohlgemerkt *elf Jahrhunderte später* – die sogenannten Reformatoren des Protestantismus auftraten.

Und hier stellen sich wiederum zwei Fragen, die ein Anhänger des *Sola-Scriptura*-Prinzips nicht zu beantworten vermag: 1. Wer oder was hatte einem Christen als letztverbindliche Autorität zu gelten, bevor der Kanon der neutestamentlichen Schriften festgelegt wurde? 2. Sollte es aber eine solche Autorität geben, die der Protestant für die Zeit *vor* der Festlegung des Kanons akzeptiert: Aus welchem Grund besteht diese Autorität *nach* der Festlegung des Kanons nicht mehr?

XI

DIE FESTLEGUNG DES BIBLISCHEN KANONS GESCHAH DURCH EINE AUßERHALB DER BIBEL STEHENDE AUTORITÄT

Da die Bibel über kein inspiriertes Inhaltsverzeichnis verfügt, ergibt sich für die *Sola-Scriptura*-Lehre ein weiteres Dilemma: Wie kann man mit Sicherheit wissen, welche Bücher zur Bibel gehören – insbesondere, was das Neue Testament anbetrifft? Hier kann man nur schlicht feststellen: *Ohne* eine außerhalb der Bibel stehende Autorität ist dies völlig unmöglich. Des weiteren muß diese Autorität notwendigerweise eine unfehlbare sein, weil eine Irrtumsmöglichkeit bei der Identifizierung des biblischen Kanons[26] bedeuten würde, daß alle Gläubigen der Gefahr ausgesetzt wären, in ihren Bibeln die falschen Bücher vorzufinden – womit das *Sola-Scriptura*-Prinzip hinfällig wäre. *Wenn* aber eine solche unfehlbare Autorität existiert, ist das *Sola-Scriptura*-Prinzip (ebenfalls) als falsch erwiesen.

Eine weitere historische Tatsache, die nicht mit dem *Sola-Scriptura*-Prinzip in Einklang zu bringen ist, besteht darin, daß es gerade die katholische Kirche war, die den biblischen Kanon identifizierte und verbindlich festlegte. Die oben erwähnten Konzilien waren allesamt Konzilien der katholischen Kirche. Auf dem Konzil von Trient legte die katholische Kirche in verbindlicher und unfehlbarer Form das gleiche Verzeichnis der kanonischen Schriften vor, das bereits im 4. Jahrhundert existierte. Falls jedoch die katholische Kirche über eine so wichtige Frage wie die, welche Bücher zur Bibel gehören, in verbindlicher und unfehlbarer Form zu befinden vermag, ist nicht einsichtig, wie jemand der Kirche ihre Autorität in anderen Dingen, die Glaube und Sitten betreffen, absprechen könnte.

Zumindest sollten Protestanten eingestehen, was der Stifter ihrer Religion, Martin Luther, ebenfalls zugegeben hat, daß nämlich die katholische Kirche es war, die für die sichere Weitergabe und Identifizierung der biblischen Bücher gesorgt hat: »Wir gestehen, daß es im Papstthume sehr viel christliches Heilsgut gibt, ja alles Heilsgut; und vom Papstthume ist auf uns übergekommen. Denn wir gestehen, daß im Papstthume die wahre Heilige Schrift ist.«[27]

XII

DIE BEHAUPTUNG, DAß DIE BIBEL »SICH SELBST BEGLAUBIGT«, HÄLT EINER ÜBERPRÜFUNG NICHT STAND

Da die Frage, wie der biblische Kanon festgelegt wurde, von Protestanten nicht befriedigend beantwortet werden kann, nehmen sie oft ihre Zuflucht zur Behauptung, die Schrift beglaubige sich selbst. Gemeint ist damit, daß die biblischen Bücher für sich allein ein hinreichendes Zeugnis dafür seien, daß sie von Gott eingegeben sind. Hier ergibt sich aber eine erhebliche Schwierigkeit – beweist doch schon ein kurzer Blick in die Kirchengeschichte, daß eine solche Behauptung völlig unhaltbar ist.

Hinsichtlich mancher Bücher des Neuen Testamentes etwa (*Jakobusbrief*, *Judasbrief*, *Zweiter Petrusbrief*, *Zweiter* und *Dritter Johannesbrief*, *Apokalypse*) bestanden zeitweilig Meinungsverschiedenheiten darüber, ob sie den kanonischen Schriften beizuzählen seien. Mancherorts wurde deren Kanonizität akzeptiert, an anderen Orten wurde sie verneint. Große Geistesmänner wie der hl. Athanasius (297–373), der hl. Hieronymus (342–420) oder der hl. Augustinus (354–430) erstellten

Verzeichnisse der neutestamentlichen Bücher, die zeigen, welche dieser Bücher zu Lebzeiten der jeweiligen Kirchenväter an den Orten, wo sie lebten, als inspirierte neutestamentliche Schriften galten – doch keines dieser Verzeichnisse entspricht genau dem, was schließlich von der katholischen Kirche am Ende des 4. Jahrhunderts als neutestamentlicher Kanon identifiziert wurde und mit dem heutigen katholischen Schriftkanon übereinstimmt.

Wenn es also zuträfe, daß die Schrift »sich selbst beglaubigt«, würde sich die Frage stellen, wie es geschehen konnte, daß hinsichtlich der erwähnten Bücher so viele Meinungsverschiedenheiten und Unsicherheiten entstanden sind. Warum gab es hier überhaupt irgendwelche Meinungsverschiedenheiten? Warum wurde der Kanon der biblischen Schriften erst so spät identifiziert – wenn diese Schriften, wie behauptet wird, so leicht als kanonische erkennbar waren? Hierauf kann man nur antworten, daß die Bibel sich offensichtlich nicht »selbst beglaubigt«.

Interessanter noch ist die Tatsache, daß einige Bücher der Bibel keine Angaben zu ihrem Autor machen. Die Vorstellung einer »Selbstbeglaubigung« könnte vielleicht etwas plausibler erscheinen, wenn jeder biblische Autor seine Identität selbst kundgetan hätte, denn dann könnte man, sozusagen, eher seine Glaubwürdigkeit einschätzen, oder man hätte zumindest Klarheit darüber, wer es jeweils war, der den Anspruch erhoben hat, ein göttlich inspirierter Verfasser zu sein. Doch darüber geben die biblischen Texte mitunter keine Auskunft.

Nehmen wir das Beispiel des Matthäusevangeliums: Man findet im Text keine Angabe darüber, daß deren Autor Matthäus, einer der zwölf Apostel, ist. So stehen zur Identifizierung des Autors nur zwei Möglichkeiten zur Verfügung: 1. das Traditionszeugnis, 2. die Bibelforschung. In beiden Fällen ist die Quelle, anhand derer man die Frage entscheidet, eine außerbiblische – und somit ist die Quelle in beiden Fällen mit dem *Sola-Scriptura*-Prinzip unvereinbar.

Ein Protestant könnte jetzt erwidern, es sei schließlich gleichgültig, zu wissen, ob nun gerade Matthäus dieses Evangelium verfaßt hat, da die Frage nach dem Autor für das Seelenheil nicht von Belang sei. Eine solche Sichtweise sieht sich aber mit einem erheblichen Problem konfrontiert. Was ein solcher Protestant sagt, bedeutet ja eigentlich folgendes: Zwar ist ein echtes Evangelium Gottes Wort und somit ein Mittel, heilsrelevante Kenntnisse über Christus zu gewinnen, im vorliegenden Falle (des Matthäusevangeliums) gibt es aber kein Mittel, sicher festzustellen, ob es apostolischen Ursprungs und echt (d.h. Gottes Wort) ist oder nicht. Ist nun die Authentizität dieses Evangeliums fragwürdig – wie kann es dann Bestandteil der Bibel sein? Wenn aber die Authentizität gesichert ist – anhand welchen Kriteriums, da Matthäus sich nicht selbst als Autor nennt? So bleibt nur die Schlußfolgerung, daß die Bibel sich *nicht* selbst beglaubigt.

Vielleicht wäre ein Protestant hier geneigt, wieder auf die Versicherung der Bibel selbst zu rekurrieren, daß sie inspiriert ist, z.B. im *Zweiten Timotheusbrief*: »Alle von Gott eingegebene Schrift ist nützlich ...« (*2 Tim* 3,16). Indes ist die *Inanspruchnahme* der Inspiration keine *Gewähr* für die Inspiration. Die Gründerin der Sekte »Christian Science«, Mary Baker Eddy[28], behauptete, sie sei inspiriert. Ebenso wird für die Schriften des Gründers der Sekte der Mormonen, Joseph Smith[29], Inspiration in Anspruch genommen. Diese beiden Beispiele zeigen: Man kann, wenn man etwas niederschreibt, so gut wie alles behaupten. Es ist offensichtlich, daß es, wenn man wissen will, ob ein Schriftstück wirklich von Gott inspiriert ist, ungenügend ist, sich bloß darauf zu stützen, daß dies in dem betreffenden Schriftstück gesagt wird. Die Gewähr für die Inspiration des Schriftstückes muß von außen kommen – im Falle der Bibel: von einer außerbiblischen Quelle. Eine solche schließt aber die *Sola-Scriptura*-Lehre aus.

XIII

ES BLIEB KEINES DER BIBLISCHEN ORIGINALMANUSKRIPTE ERHALTEN

Eine ernüchternde Feststellung, die für die *Sola-Scriptura*-Lehre fatal ist: Wir verfügen für kein einziges Buch der Bibel über ein Originalmanuskript. Zwar liegen Tausende von Manuskripten vor, welche Abschriften der Originale sind (wahrscheinlich indes eher Abschriften von Abschriften), aber diese Tatsache kann nicht für die *Sola-Scriptura*-Lehre ins Feld geführt werden, denn ohne Originalmanuskripte wäre es (nach dieser Lehre) unmöglich, mit Sicherheit zu wissen, ob wir tatsächlich über den ganzen, unverfälschten Text der Bibel verfügen.[30] Die Autographe kamen unter Inspiration zustande, die Abschriften hingegen nicht.

Der Protestant könnte nun sagen, es sei ohne Belang, ob man Originalmanuskripte besitze, denn Gott habe während all der Jahrhunderte dafür gesorgt, daß der vollständige Text der Bibel bewahrt wurde.[31] Diese Aufstellung erweist sich jedoch aus zwei Gründen als problematisch:

Zum einen ist die Annahme einer besonderen göttlichen Intervention zur Erhaltung des biblischen Textes nicht durch ebendiesen Bibeltext gedeckt – und daher kann eine solche Intervention, soll denn das Prinzip *Sola Scriptura* gelten, nicht als Glaubensregel dienen. Mit anderen Worten: Wenn sich nirgends in der Bibel die unzweideutige Aussage findet, daß Gott die Garantie dafür gibt, daß bei der Weitergabe der Texte (durch Manuskripte) keine Fehler unterlaufen, erweist sich das *Sola-Scriptura*-Prinzip als unhaltbar. Tatsache ist aber, daß die Bibel keine solche Aussage enthält.

Ferner kann, nimmt man einen besonderen göttlichen Beistand für die Texttreue von Manuskripten an, die das *schriftliche* Wort Gottes enthalten, ein solcher Beistand ebensogut für das *mündlich* überlieferte Wort Gott behauptet werden (es sei erinnert an *Thess* 2,14f., d.h. an die zwei Quellen der einen Offenbarung Gottes). Die Verkündigung des Evangeliums nahm ja ihren Anfang in mündlicher Form (vgl. *Lk* 1,1–4 und *Röm* 10,17). Erst später wurde das mündlich Verkündigte teilweise niedergeschrieben (so entstanden die betreffenden Bücher der Hl. Schrift), und erst noch später erfolgte (durch das Lehramt der Kirche) die Erklärung, daß das Niedergeschriebene inspiriert und daher verbindlich ist. Wenn also jemand sagt, daß daran festzuhalten ist, daß Gott für die unverfälschte Weitergabe seines Wortes Sorge getragen hat, ist auf diese Weise die Überlieferung als Offenbarungsquelle prinzipiell zugegeben – und damit ein gewichtiges Argument zugunsten der katholischen Position.

XIV

DIE BIBELMANUSKRIPTE WEICHEN IN VIELEN TAUSEND PUNKTEN VONEINANDER AB

Es existieren Tausende von Bibelmanuskripten, die viele Tausende von Textvarianten aufweisen. Nach Schätzung eines Bibelwissenschaftlers beläuft sich die Zahl solcher Varianten auf über 200.000.[32] Während nun die weitaus meisten dieser verschiedenen Lesarten von lediglich untergeordneter Bedeutung sind (Schreibweise, Satzstellung usw.), betreffen doch einige von ihnen wichtigere Dinge: a) Die vorliegenden Manuskripte zeigen, daß Kopisten zuweilen biblische Texte verändert haben, um z.B. Passagen von Bibeltexten miteinander zu harmonisieren, um historische Fakten besonders hervorzuheben, aber auch um »Lehrgenauigkeit« zu gewährleisten;[33] b) Für ganze Wortgruppen (also nicht nur für einzelne Wörter) gibt es in den Manuskripten verschiedene Lesarten (z.B. für *Joh* 7,39, *Apg* 6,8, *Kol* 2,2, *1 Thess* 3,2).[34] Aufgrund dieser Tatsachen ist es vom protestantischen Standpunkt aus unmöglich, den ursprünglichen Textbestand exakt zu erkennen – und weil dies der Fall ist, stellt sich die Frage, wie ein Protestant behaupten kann, sein Glaube gründe sich einzig auf die Bibel. Eine sichere Bestimmung des authentischen Textes ist ihm ja nicht möglich.[35]

Noch wichtiger ist die Tatsache, daß die vorhandenen Manuskripte für manche Passagen des Neuen Testamentes *erheblich* voneinander abweichen. Zwei Beispiele dafür:

Nach den uns zur Verfügung stehenden Manuskripten wären für den Schluß des Markusevangeliums vier Varianten möglich: eine kurze (sie umfaßt die Verse 1 bis 8 des 16. Kapitels), eine lange (Verse 1–8 und Verse 9–20), eine dritte, die z.T. Elemente der letzteren aufgreift (zwei bis drei Textzeilen zwischen den Versen 8 und 14), und schließlich eine vierte, die eine Erweiterung der langen Variante (über Vers 14 hinaus) vornimmt.[36] Die Bibelmanuskripte geben, für sich genommen, keinerlei Aufschluß darüber, wie der ursprüngliche Text des Markusevangeliums endet. Der Herausgeber einer protestantischen Bibel läuft also Gefahr, dem Ursprungstext etwas hinzuzufügen oder etwas von ihm wegzulassen – und damit dem *Sola-Scriptura*-Prinzip zuwiderzuhandeln, denn dieses fordert ja, der Glaube habe sich »auf die vollständige Bibel, und zwar nur auf sie« zu stützen. Selbst dann, wenn eine protestantische Bibel alle vier Textvarianten des »Markusschlusses« bieten würde (etwa in der Form von erklärenden Fußnoten), bliebe es für den Protestanten unklar, welche dieser Varianten die richtige ist.

Die Manuskripte weisen mitunter auch verschiedene Lesarten für Textstellen von größter Bedeutung auf. Dies ist u.a. der Fall für den Vers *Joh* 1,18, der auf zweierlei Weisen übersetzt werden kann.[37] Die alte Lutherbibel (Ausgabe 1912) übersetzt diese Stelle: »Niemand hat Gott je gesehen; der eingeborene Sohn, der in des Vaters Schoß ist, der hat es uns verkündigt.« (Anm. d. Übers: Fast gleichlautend z.B. die katholische Allioli-Bibelausgabe von Augustin Arndt.) Die neue Lutherbibel (2016) übersetzt hingegen: »Niemand hat Gott je gesehen; der Eingeborene, der Gott ist und in des Vaters Schoß ist, hat es verkündigt.«[38] Nun können sich aber beide Lesarten auf Manuskripte stützen, weswegen sogar die beste »Bibelwissenschaft«, auf sich allein gestellt, nicht entscheiden kann, welche die richtige ist. Ähnliches gilt für *Apg* 20,28: Anhand der Manuskripte kann nicht entschieden werden, ob der hl. Paulus hier von der »Kirche des Herrn« oder der »Kirche Gottes« spricht.[39]

Bei oberflächlicher Betrachtung mögen die letztgenannten unterschiedlichen Lesarten als unwichtig erscheinen. Aber man stelle sich vor, man habe es in einem Gespräch mit jemandem zu tun, der die Gottheit Christi leugnet. Zwar sind die beiden angeführten Stellen (*Joh* 1,18 und *Apg* 20,28) bei weitem nicht die einzigen, die man zur Verteidigung der Gottheit Christi heranziehen könnte – aber ob man dazu gerade *diese* beiden Stellen verwenden kann, hängt davon ab, welchem Manuskript die jeweilige Bibelausgabe folgt. Für jemand, der sich (als Vertreter des *Sola-Scriptura*-Prinzips) ausschließlich auf die Bibel beziehen kann, stellt dies unleugbar ein Problem dar.

XV

ES GIBT HUNDERTE VERSCHIEDENER BIBELAUSGABEN

Wie oben (Punkt 14) erwähnt, weisen die Bibelmanuskripte Tausende und Abertausende von Textvarianten auf. Erschwert wird das Problem noch durch den Umstand, daß es im Laufe der Geschichte Hunderte, wenn nicht Tausende von Bibelausgaben gegeben hat, die sowohl hinsichtlich der Übersetzungen als auch ihrer jeweiligen Textquellen voneinander abweichen. Hier stellt sich unausweichlich die Frage: Welche Ausgabe ist die richtige oder kommt der Version des Originalmanuskriptes am nächsten? Bei der Beantwortung dieser Frage kommt es u.a. darauf an, ob man den katholischen oder den protestantischen Standpunkt bezieht. Weiterhin stellt sich hier die Frage, welche Bibelwissenschaftler man für seriös und vertrauenswürdig hält.

Es ist eine unbestreitbare Tatsache, daß manche Bibelausgaben von geringerer Qualität sind als andere. Archäologische Funde (z.B. die Schriftrollen vom Toten Meer) ermöglichten Fortschritte in der Bibelforschung. Man verfügt gegenwärtig über bessere Kenntnisse biblischer Sprachen und Orte, wie auch verschiedener anderer für die Bibelwissenschaft relevanter Faktoren. Die Ausgangslage stellt sich heute anders dar als vor 100, 200 oder 1.000 Jahren. So könnte man meinen, daß neuere Bibelausgaben gegenüber älteren eine gewisse Überlegenheit besitzen. Andererseits basieren Bibelausgaben auf der Grundlage der lateinischen Vulgata des hl. Hieronymus auf Originaltexten, die mittlerweile verschollen sind (Anm. d. Übers.: Bibelausgaben in deutscher Sprache sind die von Allioli und Arndt, in englischer Sprache die Douay-Rheims-Bibel). Solche traditionellen Ausgaben sind der Gefahr von Textverfälschungen, die im Laufe von 16 Jahrhunderten aufgetreten sein können, von vornherein entzogen.

Für Protestanten ergibt sich vor dem soeben geschilderten Hintergrund ein erhebliches Problem: Es ist möglich, daß heutige Protestanten »bessere« oder genauere Bibelausgaben besitzen als ihre Vorfahren; andererseits könnten die neueren Ausgaben unter bestimmten Aspekten »schlechter« oder ungenauer sein als frühere. Dies aber bedeutet, daß die als »höchste Autorität« angesehene Bibel moderner Protestanten entweder in »minderem« oder »höherem« Maße »Höchstautorität« ist als die Bibel(n) ihrer Altvorderen. Nun unterhöhlt die Existenz einer derartigen »Höchstautorität verschiedener Verbindlichkeitsgrade« das *Sola-Scriptura*-Prinzip – wäre doch so die eine Bibel weniger »Höchstautorität« als eine andere. Ist eine Bibelausgabe weniger verbindlich als eine andere, dann ist sie auch der Möglichkeit lehrmäßiger Irrtümer eher ausgesetzt. Mit anderen Worten: Sie geht der Funktion einer »Höchstautorität« verlustig, eben weil sie keine *höchste* Autorität besitzen kann.

Weiter ist zu berücksichtigen, daß Bibelübersetzer, wie es nun einmal bei Menschen vorkommt, nicht immer objektiv und unparteiisch zu Werke gehen. Einige von ihnen werden wahrscheinlich eine bestimmte Textstelle auf eine Weise übersetzen, die dem Standpunkt ihres Religionssystems eher entspricht als dem eines anderen. Dies kann für protestantische Bibeln am Beispiel des griechischen Wortes παραδόσεις (»paradoseis«) gezeigt werden: Weil Protestanten die Tradition als Glaubensquelle ablehnen, geben manche protestantische Bibeln hier die Übersetzung »Lehren« oder »Gewohnheiten« statt »Überlieferungen«, weil letztere Übersetzung den katholischen Standpunkt begünstigen würde.

Außerdem ist es Tatsache, daß manche Bibelübersetzungen regelrechte Verfälschungen des biblischen Textes darstellen, wie es z.B. bei der *Neue-Welt-Übersetzung* der Fall ist, die von den »Zeugen Jehovas« veranstaltet wurde. In dieser sog. Übersetzung werden Schlüsselpassagen in einer für die konkreten Zwecke der Irrlehren der »Zeugen Jehovas« zurechtgemachten Form wiedergegeben.[40] Wenn es nun keine außerhalb der Bibel stehende Autorität gibt, die solche Übersetzungen für falsch und gefährlich erklärt, ist unerfindlich, mit welchem Recht man sie als ungeeignet einstufen dürfte.

Wollte nun ein Protestant erwidern, letzteres könne ebenso auf Grundlage der Bibelwissenschaft geschehen, so ist ihm offenbar entgangen, daß auch die »Zeugen Jehovas« sich für die Richtigkeit der Übersetzung der betreffenden Stellen auf bibelwissenschaftliche Befunde berufen! So wäre denn diese Differenz so zu lösen, daß Wissenschaftler sie austragen müßten – also eine bloß menschliche Autorität gegen eine andere!

Schlußendlich kann das Problem nur gelöst werden, indem eine unfehlbare Autorität darüber befindet, die sich kraft der Autorität Christi dazu äußert. Jeder Katholik weiß, daß diese Autorität die römisch-katholische Kirche und ihr Lehramt ist. In Ausübung dieser Autorität geben römisch-katholische Bischöfe für Bibeln und andere religiöse Literatur eine Druckerlaubnis (»Imprimatur«), die dem jeweiligen Werk vorangestellt wird und so den Leser darauf hinweist, daß es nichts enthält, was der Lehre Christi und der Apostel widerspricht.[41]

XVI

ERST SEIT DEM 15. JAHRHUNDERT IST DIE BIBEL FÜR JEDERMANN ZUGÄNGLICH

Ein wesentliches Element der *Sola-Scriptura*-Lehre besteht in der Idee, daß dem einzelnen Gläubigen vermittels Erleuchtung durch den Hl. Geist die richtige Interpretation der Hl. Schrift ermöglicht werde. Diese Vorstellung setzt natürlich voraus, daß alle Gläubigen über eine Bibelausgabe verfügen oder mindestens Zugang zu einer solchen haben. Hier besteht aber die Schwierigkeit, daß vor dem 15. Jahrhundert eine Massenproduktion von Bibeln unmöglich war.[42] Und auch damals wäre es nur ganz allmählich möglich gewesen, Bibeln in großer Zahl unter die Leute zu bringen.

Aufgrund dieser Umstände hätten demnach, folgt man der protestantischen Sichtweise, Millionen von Christen vor dem 15. Jahrhundert in religiösen Dingen über keine letztinstanzliche Autorität verfügt, sondern wären, sofern sie nicht zufällig im Besitz einer von Hand vervielfältigten Bibel waren, auf geistlichem Gebiet völliger Ungewißheit ausgesetzt gewesen. In dieser Sicht erschiene Gott eigentlich als höchst grausam, denn dann hätte er sich in Christus der Menschheit voll geoffenbart, wohlwissend, daß die Mittel, durch die diese Offenbarung die Menschheit erreichen soll, für 14 Jahrhunderte nicht zur Verfügung stehen würden.[43]

Andererseits wissen wir, daß Gott in keiner Weise grausam ist. Er hat uns nicht der Finsternis überlassen, sondern sandte uns seinen Sohn, um uns zu lehren, was wir glauben und wie wir handeln müssen. Sein Sohn gründete die Kirche, damit sie seine Lehren den Gebildeten ebenso wie den Ungebildeten verkünde: »Also kommt der Glaube aus der Verkündigung, die Verkündigung aber geschieht durch das Wort Christi« (*Röm* 10,17). Christus hat seiner Kirche auch versprochen, daß er immer bei ihr bleiben und es niemals zulassen wird, daß sie in Irrtum fällt (vgl. *Mt* 16,18–19; *Mt* 18,20; *Joh* 14,16–17; *Joh* 16,13). Gott hat sein Volk nicht verlassen, indem er die Verkündung der Heilsbotschaft von der Erfindung des Buchdruckes abhängig gemacht hätte. Er hat uns vielmehr eine unfehlbare Lehrerin, die katholische Kirche, gegeben, um uns das Evangelium und das notwendige Glaubenswissen unverfälscht zu übermitteln.

XVII

VOR DEM 14. JAHRHUNDERT WAR DIE *SOLA-SCRIPTURA*-LEHRE UNBEKANNT

So unangenehm es auch für manche sein mag: Diese Grundlehre des Protestantismus wurde ausdrücklich erst im 14. Jahrhundert formuliert und gelangte seit dem 16. Jahrhundert zur Verbreitung – also sehr lange nach den Zeiten Jesu Christi und der Apostel. Diese schlichte Tatsache wird von Protestanten einfach ausgeblendet; sie würde aber schon für sich allein hinreichen, die *Sola-Scriptura*-Lehre zu diskreditieren. Tatsächlich wurde die *Sola-Scriptura*-Lehre von John Wyclif, der üblicherweise als »Vorläufer des Protestantismus« bezeichnet wird, erst im 14. Jahrhundert aufgebracht. Weitere Verbreitung erfuhr sie mit dem Auftreten Martin Luthers im 16. Jahrhundert, der die authentische christliche Lehre so durch sein »Menschenwerk« zu ersetzen suchte. Der *Sola-Scriptura*-Lehre mangelt es daher nicht nur an historischer Kontinuität, die ein Kennzeichen für die ungebrochene Weitergabe der Lehre der Apostel ist, sie stellt vielmehr einen abrupten Wandel, einen radikalen Bruch mit der christlichen Vergangenheit dar.

Protestanten werden nun vielleicht entgegnen, die Bibel selbst lehre das *Sola-Scriptura*-Prinzip, deswegen könne man es trotz allem von Christus herleiten. Wie wir aber bereits oben sahen, lehrt die Bibel nichts derartiges. Die Behauptung, in der Bibel werde dieses Prinzip aufgestellt, ist nichts weiter als der mühsame Versuch von Protestanten, ihre vorgefaßte Meinung in die Bibel hineinzuprojizieren. Der Nachweis historischer Kontinuität (bzw. der geflissentliche Verzicht auf einen solchen) zeigt, ob sich ein Religionssystem zu Recht (oder zu Unrecht) auf Jesus Christus berufen kann, oder vielmehr das Produkt einer (viel) späteren Epoche ist. Und es ist unleugbar, daß es keinerlei historische Hinweise darauf gibt, daß es vor dem 14. Jahrhundert eine (klar und deutlich vertretene) *Sola-Scriptura*-Lehre gegeben hat.

XVIII

DIE SCHLECHTEN FRÜCHTE DER *SOLA-SCRIPTURA*-LEHRE: SPALTUNG UND ZWIETRACHT

Träfe die *Sola-Scriptura*-Lehre zu, so wäre natürlich zu erwarten, daß eine vollständige lehrmäßige Übereinstimmung unter Protestanten bestünde – kann doch die Bibel keine widersprüchlichen Lehren enthalten. In Wirklichkeit existieren aber Tausende[44] protestantischer Gruppierungen und Sekten, und jede von ihnen behauptet, die Bibel sei ihr einziger Maßstab. Jede von ihnen behauptet, die Wahrheit zu verkünden, und jede von ihnen lehrt etwas anderes. Zwar behaupten Protestanten, daß ihre Lehren nur in unwichtigen und beiläufigen Dingen voneinander abweichen würden. Jedoch ist es Tatsache, daß nicht einmal Einigkeit über grundwesentliche Dinge besteht. Um nur einige wenige Punkte zu nennen: Abendmahl, Rettung, Rechtfertigung.

So lehren die meisten protestantischen Sekten, daß Jesus Christus in der Eucharistie bzw. im Abendmahl nur symbolisch gegenwärtig sei, während andere (z.B. Lutheraner und Episkopalisten) lehren, daß Christus wirklich zugegen sei (zumindest »in gewissem Maße«). Einige dieser Sekten lehren, daß eine Person, die einmal gerechtfertigt ist, nie wieder aus dem Heil herausfallen könne, während andere sagen, daß es sehr wohl möglich sei, daß ein Christ das Heil durch eine schwere Sünde verliert. Einige meinen, die Rechtfertigung bedeute lediglich, daß jemand als gerechtfertigt *erklärt* werde, andere dagegen, daß ein Christ auch an Heiligkeit wachsen und wirklich gerecht *werden* müsse.

Nun steht aber unwiderleglich fest, daß es niemals die Absicht Christi war, daß diejenigen, die ihm nachfolgen, chaotischer Zersplitterung und Uneinigkeit verfallen, wie es im Protestantismus von Anfang an der Fall war.[45] Vielmehr betete Christus für seine Jünger, »damit alle eins seien, wie du, Vater! in mir, und ich in dir, damit auch sie in uns eins seien; damit die Welt glaube, daß du mich gesandt hast« (*Joh* 17,21). Der hl. Paulus mahnt die Christen zur Einheit in der Lehre: »Ein Leib und ein Geist (...). Ein Herr, ein Glaube, eine Taufe« (*Eph* 4,4–5). Wie können nun die tausenderlei protestantischen Gruppierungen und Sekten beanspruchen, »die wahre Kirche« zu sein, wenn schon ihre Existenz als solche diesen Anspruch widerlegt? Wie können diese Abweichungen und Widersprüchlichkeiten in der Lehre diejenige Einheit sein, um die Christus gebetet hat?

Der Leser möge hier an die Worte Jesu Christi denken: »Denn an der Frucht erkennet man den Baum« (*Mt* 12,33). Die Sichtung der Früchte, die das *Sola-*

Scriptura-Prinzip im Laufe der Geschichte des Protestantismus hervorgebracht hat, ermöglicht ein eindeutiges Urteil über dieses Prinzip.

XIX

DIE *SOLA-SCRIPTURA*-LEHRE MACHT ES UNMÖGLICH, IRGENDEINE BIBELSTELLE AUF LETZTGÜLTIGE WEISE ZU INTERPRETIEREN

Wie bereits oben gezeigt, ist es nach dem *Sola-Scriptura*-Prinzip jedermann möglich, sich der Bibel als einziger Glaubensregel zu bedienen. Jeder kann nach dieser Lehre jedwede Bibelstelle in richtiger Weise verstehen, wenn er sie nur mit dem vergleicht, was die Bibel an anderen Stellen lehrt. In der Praxis schafft aber dieses Prinzip mehr Probleme, als es löst, und schlußendlich macht sie es unmöglich, *definitiv und mit Sicherheit* zu wissen, was das richtige Verständnis irgendeiner Bibelstelle ist.

Real existierender Protestantismus bedeutet, die Bibel auf rein subjektivistische Weise zu interpretieren, losgelöst von objektiver Wahrheit und historischer Kontinuität. So könnte etwa Protestant A aufgrund seines Studiums einer Bibelstelle zum Schluß kommen, die Interpretation X sei die richtige. Protestant B denkt über dieselbe Stelle nach, und meint, sie sei im Sinne von Y zu verstehen. Protestant C wiederum entdeckt, es ergebe sich die Interpretation Z.[46] Wenn sich die drei verschiedenen Interpretationen auch gegenseitig ausschließen, so können doch, aus protestantischer Sicht, alle drei Personen davon überzeugt sein, daß ihre jeweilige Interpretation sachgerecht ist, denn sie haben schließlich nichts anderes getan, als diese Bibelstelle »mit dem zu vergleichen, was die Bibel andernorts lehrt«.

Eigentlich gäbe es jetzt nur zwei Möglichkeiten: Entweder sind alle drei Interpretationen falsch, oder mindestens zwei, da widersprüchliche Interpretationen nicht zugleich und in gleicher Hinsicht zutreffen können[47]. Hier zeigt sich wiederum das Problem, daß, wenn es keine unfehlbare Autorität gibt, die die Frage definitiv zu entscheiden vermag, keiner dieser Protestanten zu einer definitiven Sicherheit gelangen kann, welche der drei Interpretationen die richtige ist. Jeder von ihnen ist schlußendlich seiner rein persönlichen Meinung überlassen, trotz all seiner Bemühungen. So wird jeder Protestant schließlich zu seiner eigenen letzten Instanz – oder, wenn man so will, zu seinem eigenen »Papst«.

In der Praxis des Protestantismus zeigt sich eben, daß, weil die Bibel allein als Glaubensregel unzureichend ist (wie das soeben angeführte Beispiel der drei Protestanten zeigt), jede Einzelperson bzw. jede protestantische Sekte notwendigerweise auf ihre eigene Interpretation zurückfallen muß. Infolgedessen gibt es, da viele verschiedene Interpretationen möglich sind, *keine letztverbindliche Interpretation* der Bibel. Und wenn es keine solche gibt, kann natürlich auch niemand wissen, ob seine eigene Interpretation die richtige ist.

Sinnvoll kann man den soeben geschilderten Sachverhalt dadurch verdeutlichen, daß man ihn auf die Normen der Moral anwendet. Wenn »Meinungen« den Maßstab dafür abgeben sollen, was moralisch richtig und was moralisch falsch ist, ist moralischer Relativismus das Ergebnis. Jedermann »bestimmt für sich selbst, was gut und was böse ist«. Da nun aber Gott selbst den absoluten Maßstab dafür gibt, was gut und was böse ist (in seiner Offenbarung, aber auch im durch die Vernunft erkennbaren moralischen Naturgesetz), ist bezüglich der moralischen Qualität jedweder Handlung ein objektives Urteil möglich. Gäbe es diesen absoluten Maßstab jedoch nicht, dann gäbe es auch keine verbindlichen Urteile über die Moralität oder Amoralität einer Handlung.

Es versteht sich von selbst, daß wahrscheinlich jede protestantische Gruppierung behaupten wird, ihr eigenes Bibelverständnis sei das richtige – zumindest für die Praxis, wenn nicht sogar theoretisch. Wäre es anders, dann würden ihre Anhänger sie natürlich verlassen und sich anderweitig orientieren. Wie auch immer: Sobald eine solche Gruppierung behauptet, ihr Bibelverständnis sei – im Gegensatz zum Bibelverständnis anderer Gruppierungen – das richtige, erhebt sie sich damit selbst zur letztverbindlichen Autorität. Damit ergibt sich aber das Problem, daß hiermit das *Sola-Scriptura*-

Prinzip verletzt wird, denn dieses kennt keine Autorität außer »der Bibel allein«.

Wenn nun aber eine dieser Gruppierungen zugäbe, daß ihre eigenen Bibelinterpretationen »genauso wahr sind wie andere«, sind wir wieder beim Ausgangspunkt des Dilemmas angelangt, so daß es niemals möglich wäre, zu wissen, welche Interpretation die richtige ist – und somit unmöglich, die Wahrheit jemals definitiv zu erkennen. Christus aber hat gesagt: »Ich bin der Weg, die Wahrheit und das Leben« (*Joh* 14,6). Die Mißlichkeit liegt hier darin, daß jede protestantische Gruppe behauptet, ihre jeweilige Interpretation treffe zu – für die Praxis oder auch vom objektiv-theoretischen Standpunkt aus. Und so steht man Tausenden verschiedener Interpretationen gegenüber. Jede von ihnen beansprucht, »die schriftgemäße Wahrheit« zu sein, während schlußendlich niemand »schriftgemäße Wahrheit« objektiv bestimmen kann. Das Ergebnis besteht darin, daß eine autoritative und letztgültige Interpretation zur Unmöglichkeit wird, und zwar für jegliche Bibelstelle. Somit kann kein Protestant in Bezug auf die Interpretation einer Bibelstelle jemals sagen: »Die Sache ist erledigt.« Und täte er es, dann könnte er sich dafür ausschließlich auf seine persönliche Meinung berufen.

XX

IN PROTESTANTISCHEN BIBELN FEHLEN ZEHN GANZE BÜCHER

Die Tatsache, daß sie de facto gegen ihre eigene Lehre verstoßen, bringt Protestanten in Verlegenheit. Die *Sola-Scriptura*-Lehre verbietet nämlich streng, der Bibel irgendetwas hinzuzufügen oder irgendetwas aus ihr zu streichen. Tatsächlich aber haben die Protestanten aus ihrer Bibel sowohl sieben vollständige Bücher des Alten Testamentes getilgt als auch Teile anderer Bücher weggelassen. Es handelt sich um folgende, von den Protestanten fälschlich als »Apokryphen« (griech.: ἀπόκρυφος, »apokryph« = verborgen, hier ist gemeint: nicht-authentisch) bezeichnete Bücher: *Tobit*, *Judit*, *Erstes* und *Zweites* Buch der *Makkabäer*, *Weisheit*, *Jesus Sirach* (*Ecclesiasticus*) und *Baruch*. Im katholischen Sprachgebrauch bezeichnet man diese Bücher als »deuterokanonisch«. Ebenso fehlen in protestantischen Bibeln Teile der Bücher *Daniel* und *Ester*.

Zur Verteidigung der Verstümmelung des alttestamentlichen Kanons wird protestantischerseits folgendermaßen argumentiert: 1. Der kürzere, auf die

Pharisäer zurückgehende Kanon[48] sei von Christus und den Aposteln akzeptiert worden, weil sie nirgends ein deuterokanonisches Buch zitieren. 2. Der Kanon des Alten Testamentes habe zu Lebzeiten Christi in seiner Endfassung vorgelegen, und dies war eben der kürzere Kanon. 3. Die Juden selbst hätten sich auf der sog. Synode von Jamnia zu diesem kürzeren Kanon bekannt. 4. Die deuterokanonischen Bücher enthielten Dinge, die nicht zur Hl. Schrift gehören.

Kein einziges dieser Argumente ist stichhaltig:

1. Die Behauptung, Christus und die Apostel hätten sich auf den kürzeren, pharisäischen Kanon bezogen, trifft nicht zu, wie eine Überprüfung der entsprechenden Zitate im Neuen Testament zeigt. Dort wird das Alte Testament etwa 350mal zitiert, und diese Zitate sind beinahe 300mal (also zu 86%) der Septuaginta entnommen (der griechischen Übersetzung des Alten Testamentes, die zur Zeit Christi weithin Verwendung fand). Nun enthält aber die Septuaginta die deuterokanonischen Bücher. Daher wäre es schlicht unvernünftig und realitätsfremd, zu meinen, Christus und die Apostel hätten den pharisäischen Kanon akzeptiert, und zwar im Gegensatz zur Mehrheit ihrer Zeitgenossen, die eine Version der Hl. Schrift verwendeten, welche die deuterokanonischen Bücher umfaßte.

Man denke ferner an den hl. Paulus, der sich auf seinen Missionsreisen und in seinen Briefen an hellenistische Kreise außerhalb Palästinas gewandt hat. Es wurde in diesem Zusammenhang zu Recht darauf hingewiesen, daß die Predigt des hl. Paulus in Antiochia (Pisidien) »bei seinen Zuhörern eine gründliche Vertrautheit mit der Septuaginta voraussetzte« und daß die Briefe des hl. Paulus an die frühchristlichen Gemeinden »die Septuaginta (geradezu) ›atmen‹«[49]. Es ist offensichtlich, daß der hl. Paulus voll und ganz hinter der Septuaginta stand.

Außerdem verhält es sich keineswegs so, daß Christus[50] und die Apostel nie ein deuterokanonisches Buch zitiert hätten. Ebenso ist es unzutreffend, ein solches Zitat sei eine notwendige Voraussetzung dafür, daß ein solches Buch als kanonisch zu gelten hat. Nach einer Aufstellung gibt es im Neuen Testament nicht weniger als 150 direkte Zitate aus den oder wenigstens Anspielungen auf die deuterokanonischen Bücher.[51] Hinzu kommt übrigens, daß manche Bücher des Alten Testaments (z.B. *Kohelet, Ester* und *Obadja*), die im Neuen Testament nicht zitiert werden, sowohl in katholischen als auch in protestantischen Bibeln enthalten sind. Offensichtlich sind also solche Zitate an sich kein Kriterium für die Kanonizität eines Buches.

2. Die Behauptung, zur Zeit Christi habe ein allseits akzeptierter Kanon des Alten Testamentes vorgelegen – der nach protestantischer Auffassung den kürzeren Kanon enthalten haben soll –, ist angesichts des historischen Befundes mehr als fragwürdig. Einerseits gab es nämlich keineswegs etwas, was als *der* Kanon von

Palästina gelten kann, da außer der Septuaginta-Version im damaligen Palästina noch drei weitere in Gebrauch waren[52]. Andererseits ist nachweisbar, daß »im Judentum der beiden Jahrhunderte v. Chr. und des ersten Jahrhunderts n. Chr. keine einheitliche Meinung darüber bestand, welche Schriften als heilige zu gelten hatten. Innerhalb wie außerhalb Israels gab es in dieser Zeit viele Ansichten darüber, welche Bücher als heilig angesehen werden mußten.«[53]

3. Der Hinweis auf die sog. Synode von Jamnia erweist sich als höchst problematisch, und zwar aus folgenden Gründen: a) Die Entscheidungen dieser jüdischen Synode, die erst 50 Jahre nach der Auferstehung Christi stattgefunden hat, sind selbstverständlich für Christen in gar keiner Weise bindend (ebensowenig wie das alttestamentliche Zeremonialgesetz, das z.B. den Verzehr von Schweinefleisch untersagte). b) Es ist nicht zu beweisen, daß diese Synode »definitive Entscheidungen« über den »Umfang des Kanons des Alten Testamentes« getroffen hat, weil »die Liste der zum Handgebrauch innerhalb des Judentums anerkannten Bücher noch bis ins 4. Jahrhundert n. Chr. keine einheitliche war«.[54] c) Die sog. Synode richtete sich z.T. gegen die »Sekte der Christen«; dementsprechend zeigt sich hier auch eine gegen das Christentum gerichtete Polemik. Die zur Synode versammelten Juden sprachen sich genau deswegen für den kürzeren, pharisäischen Kanon aus, weil die Christen sich an den Kanon der Septuaginta hielten.

d) Hinzu kommt, daß die Entscheidungen dieser Synode keineswegs repräsentativ für das Judentum als Ganzes sind, sondern lediglich für einen Teil des in der Tradition des Pharisäismus stehenden Judentums in Palästina.

4. Schließlich handelt es sich bei der These, die deuterokanonischen Bücher enthielten »nicht-schriftgemäße« Elemente, um eine mit dem protestantischen System eigentlich unvereinbare Festlegung auf eine Lehrmeinung. Diese Meinung beruht aber schlicht und einfach auf dem *Vorurteil* der »Reformatoren«, die bekanntlich der katholischen Kirche mit unverhohlener Feindschaft gegenüberstanden, die Bibel *könne* nur das enthalten, was der »reformatorischen« Auffassung entspricht. Und so verwarfen sie die deuterokanonischen Bücher deswegen, weil sie katholische Lehren klar aussprechen, wie es z.B. der Fall ist im *Zweiten Makkabäerbuch*, wo die Lehre vom Gebet für die Verstorbenen – und damit auch die Lehre vom Fegfeuer – ihren Niederschlag gefunden hat: »Es ist also ein heiliger und heilsamer Gedanke, für die Verstorbenen zu beten, damit sie von ihren Sünden befreit werden« (*2 Makk* 12,46). Luther wollte darüberhinaus die beiden neutestamentlichen Bücher der *Apokalypse* und des *Jakobusbriefes* streichen; letztere ist nach ihm eine »Strohepistel« und »hat nichts Evangelisches in sich«[55], wohl deswegen, weil dort unzweideutig gelehrt wird, daß der Mensch durch Glaube *und* gute Werke gerettet wird (vgl. *Jak* 2,14–26) –

im vollständigen Widerspruch zu Luthers Irrtum, daß »der Glaube allein« zur Seligkeit hinreiche. Schlußendlich ließ sich Luther durch einige seiner Freunde dazu überreden, die beiden genannten Bücher beizubehalten.

Ergänzend sind hier noch die Tatsachen anzuführen, welche die historische Kontinuität hinsichtlich des Kanons betreffen. Zwar wurde oben von den Auseinandersetzungen um den biblischen Kanon berichtet; jedoch ist festzuhalten: 1. Die deuterokanonischen Bücher wurden mit Sicherheit seit frühchristlicher Zeit (1. Jahrhundert), ja seit der Zeit Christi als kanonisch betrachtet. 2. Nachdem die den Kanon betreffenden Fragen im 4. Jahrhundert endgültig geklärt waren, ist darüber unter Christen keinerlei Unsicherheit mehr aufgekommen. Tatsächlich kommt es erst mit dem Auftreten der sog. Reformatoren *im 16. Jahrhundert* zum Widerspruch und zu offener Mißachtung der genannten Fakten. Diese Leute maßten sich an, die seit elf Jahrhunderten feststehende Klärung des Kanonumfangs – sowie den faktisch seit fünfzehn Jahrhunderten bestehenden Kanon – für unbeachtlich zu erklären.

Wenn nun auf einmal irgendjemand auftritt, der selbstherrlich eine seit Jahrhunderten ungebrochene Kontinuität umstürzen will, und zwar in einem so entscheidenden Punkt wie dem des biblischen Kanons, sollte jemand, der Christus aufrichtig folgen will, sich ernsthaft die Frage stellen: Mit welchem Recht tritt dieser Mensch auf? Wer ermächtigt ihn zu einem so ungeheuerlichen Unterfangen? Die Geschichte und Luthers Schriften zeigen, daß seine Handlungsweise auf überhaupt nichts anderem basierte als auf seiner persönlichen Willkür. Eine solche »Autorität« ist nun aber so weit wie irgend möglich davon entfernt, eine Änderung des biblischen Kanons einzufordern – zumal der Prozeß der Klärung des Kanonumfangs vom Hl. Geist geleitet war, Jahrhunderte dauerte und dabei die größten christlichen Denker einbezogen wurden – und die Frage durch Konzilsentscheidungen ohnehin geklärt ist. So kann es nur beunruhigen, daß die anderen »Reformatoren« – und mit ihnen alle Protestanten – Luthers Verstümmelungen des Kanons übernommen haben, zugleich aber beteuern, die Bibel in höchsten Ehren zu halten, und niemals zu dulden, daß ihr etwas hinzugefügt oder von ihr weggenommen werde.

XXI

GRUNDLAGE DER *SOLA-SCRIPTURA*-LEHRE IST DIE PROBLEMATISCHE PSYCHE LUTHERS

Wenn etwas über Luther mit Sicherheit feststeht, so seine tiefgehende und beständige innere Not, eine Kombination aus Zweifeln und Verzweiflung hinsichtlich seines Heiles, sowie sein Gefühl der völligen Unfähigkeit, der Versuchung zur Sünde zu widerstehen.[56] Luther sagte selbst: »Mein Geist war völlig gebrochen, und ich befand mich immer in einem Zustand der Niedergeschlagenheit, weil mir, was ich auch tat, meine ›Gerechtigkeit‹ und meine ›guten Werke‹ keine Hilfe und keinen Trost brachten.«[57]

Dieser emotionalen und psychischen Verfassung Luthers ist Rechnung zu tragen, wenn man nach dem Ursprung der von ihm vertretenen *Sola-Scriptura*-Lehre fragt. Schon auf den ersten Blick ist erkennbar, daß er sich diese Lehre deswegen zu eigen machte, weil er sich von ihr eine Befreiung aus seinen Versuchungen, Schuldgefühlen und Verzweiflungsanfällen versprach, von denen er beständig gequält wurde.

Luther selbst spricht von einer zwanghaften Besorgtheit wegen seiner Sünden und seiner »Unfähigkeit«, der Versuchung zu widerstehen. In Anbetracht dieser Sachlage ist die Schlußfolgerung berechtigt, daß er von Skrupulosität geplagt war, was auch von einigen protestantischen Gelehrten eingeräumt wird.[58] Unter Skrupulosität versteht man übermäßige Sündenangst, die nicht auf realer Grundlage beruht. Skrupulöse Menschen sind geneigt, die Schwere ihrer (vermeintlichen) Sünden zu übertreiben; gleichzeitig mangelt es solchen Menschen an Gottvertrauen. Es ist außerdem zu berücksichtigen, daß »Skrupulosität wohl oft auf irgendeiner psychischen Störung der betreffenden Person beruht«.[59]

Es ist davon auszugehen, daß Luther niemals zu emotionaler und psychischer Ruhe gelangt ist, weil er ununterbrochen von »Gewissensbissen« über alles mögliche, eingebildete oder reale Sünden, heimgesucht war. Es erscheint nur allzu naheliegend, daß jemand einen Ausweg aus einer derartigen psychischen Bedrängnis sucht, und Luther fand einen solchen Ausweg in seiner Lehre über den »allein heilsrelevanten Glauben« – *Sola Fide*.

Weil nun aber das Meiden von Sünden und das Vollbringen guter Werke wesentliche Elemente zur Erreichung der ewigen Seligkeit sind, und weil eben dies immer von der Kirche gelehrt und gegen Angriffe verteidigt worden war, sah sich Luther mit seiner neuen Anschauung der Kirche vollständig entgegengesetzt. Weil die Kirche die Notwendigkeit dessen lehrte, zu dem Luther sich unfähig wähnte, griff er zu einem drastischen Mittel, um das Problem seiner Skrupulosität zu lösen: Er verwarf die Lehrautorität der Kirche (das kirchliche Lehramt, an dessen Spitze der Papst steht) und behauptete, eine solche Autorität sei der Bibel entgegengesetzt. Mit anderen Worten: Luther wandte sich gegen diejenige Autorität, die ihn notwendigerweise dazu gebracht hätte, die Krankhaftigkeit seines Geisteszustandes einzugestehen.

ZUSAMMENFASSUNG

Aus allen oben genannten Gründen ist es offensichtlich, daß die protestantische *Sola-Scriptura*-Lehre zurückgewiesen werden muß. Sie ist eine unbiblische und falsche Meinung – reines Menschenwerk. Wer wirklich Jesus Christus folgen und die Wahrheiten annehmen will, die er gelehrt hat, kann – auch wenn es seinem jetzigen religiösen Standpunkt widerspricht – nicht umhin, die evidenten Fehler der *Sola-Scriptura*-Lehre zu erkennen, Fehler, die aufgrund der Hl. Schrift selbst ebenso klar erkennbar sind wie aufgrund historischer und logischer Analyse.

Die Fülle der Wahrheit, ohne Beimischung irgendeines Irrtums, ist nur in der römisch-katholischen Kirche zu finden, d.h. in der einzigen Kirche, die von Jesus Christus gegründet wurde – und nach der Lehre dieser Kirche ist es eine karikaturale und absurde Verdrehung, »die Bibel allein« als die für einen Christen maßgebliche Autorität zu betrachten.

Worin also besteht in Wirklichkeit diese Autorität, d.h. die Glaubensregel?

Unmittelbare oder nächste Glaubensregel ist die Lehre der katholischen Kirche. Die Kirche selbst entnimmt ihre Lehre der Offenbarung Gottes, d.h. sowohl dem geschriebenen Wort Gottes, Hl. Schrift genannt, als auch dem nichtgeschriebenen Wort Gottes, genannt Überlieferung oder Tradition. Letztere ist die mittelbare oder entfernte Glaubensregel.

Schrift und Tradition sind die Quellen der christlichen Lehre; die Kirche – eine historische und sichtbare Größe, die seit dem hl. Petrus und den übrigen Aposteln ununterbrochen fortbesteht – ist die unfehlbare Lehrerin und Auslegerin dieser Lehre. Nur dann, wenn ein Christ diese vollständige christliche Glaubensregel annimmt, weiß er, daß er tatsächlich allem Folge leistet, was Christus seinen Aposteln zu lehren befohlen hat (vgl. *Mt* 28,20). Nur dann, wenn jemand die vollständige christliche Glaubensregel annimmt, kann er sicher sein, im Besitze der Wahrheit zu sein – der reinen Wahrheit, die Jesus Christus gelehrt hat.

ENDNOTEN

Vorbemerkung: In den Fußnoten werden auch einige protestantische Autoren genannt. Deren Werke sollen damit nicht zur Lektüre empfohlen werden; sie werden lediglich deswegen angeführt, um zu zeigen, daß die in vorliegender Schrift angeführten Argumente auch vom protestantischen Standpunkt aus nicht bestritten werden können.

---

[1] Auch die mündliche Überlieferung hat natürlich im Laufe der Geschichte eine mannigfaltige schriftliche Fixierung erfahren, z.B. in den Lehräußerungen der Päpste und Konzilien.

[2] Anm. d. Übers.: Auch die Arianer beriefen sich schon auf dieses Prinzip, um die für sie lästige Tradition loszuwerden. Der Patrologe Michael Fiedrowicz weist auf folgendes hin: »Wenn die Arianer den Kampf gegen das Homousios des Credo von Nizäa mit dem Argument eines bibelfremden Terminus führten und stattdessen nur biblische Begriffe zur Formulierung des Glaubensbekenntnisses gelten lassen wollten, so war der arianische Schlachtruf ›Sola scriptura‹ nur vordergründig eine Unterordnung unter die Autorität des Gotteswortes. Newman zitierte Hilarius, der in jener Kontroverse die Berufung auf die Schrift als generelles Merkmal verschiedenster Häretiker nachwies: ›Doch denke daran, daß es gegenwärtig keinen Häretiker gibt, der nicht lügnerisch behauptet, seine gottlose Verkündigung stimme mit der Schrift überein. [...] Sie alle führen die Schrift im Munde, ohne den Sinn der Schrift zu verstehen, und geben einen Glauben vor, ohne den Glauben zu haben. Es geht nämlich nicht darum, die Schrift zu lesen, sondern sie zu verstehen.‹ Newman zeigte,

wie der arianische Schriftgebrauch letztlich von einem rationalistischen Vorverständnis bestimmt war, einzelne Begriffe der Schrift (›Vater und Sohn‹, ›Geburt‹, ›Ursprung‹ u. ä.) aus ihrem Kontext löste und aus den isolierten Elementen Konsequenzen zog, die der Gesamtbotschaft der Schrift zutiefst widersprachen.« (Michael Fiedrowicz, *John Henry Newman und die Kirchenväter. Anti-Liberalismus im Geist der frühen Kirche*, Fohren-Linden 2020, S. 268) Und: »Wie schon die Arianer der ersten Stunde Schwierigkeiten ihrer Position dadurch zu umgehen suchten, daß sie nur den Buchstaben der Schrift in der theologischen Auseinandersetzung gelten lassen wollten, so bedienten sich auch die Eusebianer [Anhänger des Bischof Eusebius von Nikomedien] des biblizistischen Kunstgriffs, indem sie bei der Formulierung der Glaubenslehre allein Schriftworte zulassen wollten.« (Ib., S. 305).

3 Die protestantische Reformation war in Wirklichkeit keine Reform. Sie war vielmehr eine Revolution – eine Umwälzung der bestehenden rechtmäßigen, anerkannten religiösen und bürgerlichen Ordnung.

4 Anm. d. Übers.: In vorliegender Schrift sind die Bibelzitate folgender Übersetzung übernommen: Augustin Arndt SJ, *Die Heilige Schrift des Alten und Neuen Testamentes*, Regensburg 1914, Bd. 1–3.

5 W. E. Vine (protestantischer Autor), *Vine's Expository Dictionary of New Testament Words*, MacDonald Publishing House, 1940, S. 387; cfr. St. Alphonsus Liguori, *An Exposition and Defense of all the Points of Faith Discussed and Defined by the Sacred Council of Trent; along with a Refutation of the Errors of the Pretended Reformers*, Dublin 1846, S. 50 (Deutsche Ausgabe: Alfons Maria v. Liguori, *Das heilige Concilium von Trient in seinen Entscheidungen gegen die Neuerer des sechzehnten Jahrhunderts*, Regensburg 1845).

6 Die Büches des Neuen Testaments (NT) lagen bereits alle vor, als der hl. Johannes das Buch der *Offenbarung (Apokalypse)* abfaßte. Deren offizielle Ausweisung als »Bibel« erfolgte erst viel später.

7 Anm. d. Übers.: Augustin Arndt übersetzt hier (aus der Vulgata: »praecepta«) mit »Vorschriften«. Andere Übersetzungen lauten:

»Überlieferungen« (Einheitsübersetzung 2016, Elberfelder Bibel, Schlachter-Bibel, Lutherbibel 2017), »Lehre« (Neues Leben-Bibel).

[8] Vine, *op. cit.*, S. 564.

[9] Die Rolle der Überlieferung bei der Interpretation von Schriftstellen kann z.B. anhand des 12. Kapitels des Buches der *Offenbarung* gezeigt werden. Schon die älteren Kirchenväter sahen in den Worten »ein Weib mit der Sonne bekleidet« einen Hinweis auf die leibliche Aufnahme der allerseligsten Jungfrau in den Himmel. Jemand, der behaupten wollte, diese Lehre hätte bis zum Jahre 1950 (in dem Papst Pius XII. diese Lehre dogmatisch definierte) nicht existiert, wäre wohl der Kirchengeschichte unkundig, würde sie aber jedenfalls nicht berücksichtigen. Diese Glaubenslehre wurde eigentlich schon von Anfang an festgehalten, wenn auch erst im 20. Jahrhundert definiert (d.h. formell als Dogma verkündet). In diesem Zusammenhang ist daran zu erinnern, daß für die Kirche oft keine Notwendigkeit vorlag, eine Lehre dogmatisch zu definieren, bis sie (gewöhnlich von Häretikern) angezweifelt wurde – dadurch ergab sich die Notwendigkeit einer Dogmatisierung der betreffenden Lehre.

[10] Anm. d. Übers.: Zum Verständnis dieses Begriffes: »Glaubenshinterlage (paratheke, depositum fidei; cfr. *1 Tim* 6,20; *2 Tim* 1,12.14), die dem Lehramt der Kirche für die Glieder der Kirche und alle Menschen (...) anvertraute Offenbarung Christi, die mit den Aposteln abgeschlossen ist (...), insofern sie als heiliges Erbgut (...) unversehrt bewahrt wird dank dem Beistande des Heiligen Geistes.« (Joseph Braun SJ, *Handlexikon der katholischen Dogmatik*, Freiburg 1926, S. 121).

[11] Die katholische Kirche lehrt, daß das Kollegium der Bischöfe, also der Apostelnachfolger, unfehlbar lehrt, wenn es »›das oberste Lehramt zusammen mit dem Nachfolger des Petrus‹ (dem Papst) ›ausübt‹, vor allem auf einem Ökumenischen Konzil.« (cfr. *Katechismus der Katholischen Kirche*, Nr. 891. Auch sind die Begriffe »binden und lösen« Bestandteil der rabbinischen Terminologie; sie beziehen sich auf autoritatives Lehren und Deuten. Daher ist es offensichtlich, daß Christus beabsichtigte, seinen Aposteln – unter der Führung des

hl. Petrus (denn nur er erhielt die Schlüsselgewalt) – die Autorität zu verleihen, autoritativ zu lehren und zu deuten.

[12] Anm. d. Übers.: Einer der Theologen, die diese These verbreitet haben, war der Tübinger Professor Josef Rupert Geiselmann (1890–1970). Widerspruch erfuhr die These u.a. durch den römischen Theologen P. Heinrich Lennerz SJ. – Man vergleiche dazu folgenden Hinweis P. Chad Rippergers (in seiner Veröffentlichung *The Binding Force of Tradition*, o.O. 2013, S. 18f.: »(...) Lehren, die man als nicht in der Schrift enthalten angesehen hat, sind u.a. die folgenden: die leibliche Aufnahme der allerseligsten Jungfrau Maria in den Himmel; die Gültigkeit der von Häretikern gespendeten Taufe; Opferung eines Kelches mit Wein, dem Wasser beigemischt wurde (als einem von Christus befolgten Gebrauch); die Verehrung von Bildern; die wesentlichen Erfordernisse für einige Sakramente (z.B. Firmung, Priesterweihe, Letzte Ölung); die Jungfräulichkeit Mariens *post partum;* die Jungfrauenweihe; das Eheverbot nach dem Ablegen eines Keuschheitsgelübdes; der Empfang der Laienkommunion innerhalb einer Messe, in welcher der Priester, der diese Messe feiert, sich die Kommunion auch selbst spendet; die Darbringung des Meßopfers nicht nur für Lebende, sondern auch für Verstorbene.«

[13] Anm. des Übers.: P. Sebastian Tromp SJ schreibt dazu: »Obwohl ich gern einräume, daß die Lehre, welche die (materielle) Suffizienz der Schrift allein zum Gegenstand hat, ein Anreiz dazu sein kann, daß genauer und gewinnbringender erforscht wird, ob und in welcher Weise viele katholische Wahrheiten im geschriebenen Wort verborgen liegen, kann (diese Lehre) gleichwohl Anlaß geben – und meiner Meinung nach gibt sie Anlaß –, daß einerseits die Glaubenslehre verdunkelt wird, andererseits aus der Schrift künstlich und spitzfindig Schlüsse gezogen werden, welche über die Voraussetzungen (dieser Lehre) hinausgehen.«, Sebastian Tromp SJ, *De Virgine Deipara Maria, corde Mystici Corporis*, Rom 1972, S. 3.

[14] Wenn seitens des Protestantismus versichert wird, die Bibel deute sich selbst, so ist dies eine nichtige Ausflucht: Jeder kann jeden Schrifttext richtig verstehen, indem er diesen Text mit dem

vergleicht, was sonst in der Bibel gelehrt wird, so wird behauptet. Diese Aufstellung läßt sich mit Leichtigkeit entkräften. Man befrage beispielsweise zehn Personen, wie eine bestimmte Schriftstelle zu verstehen sei – und man erhält u.U. zehn verschiedene Interpretationen. Wenn jedoch die protestantische These zuträfe, daß die Bibel sich selbst interpretierte, würde sich die Frage stellen, weshalb die zehn Deutungen nicht immer miteinander übereinstimmen, und zwar selbst dann, wenn den genannten Personen viel Zeit zum Studium der Frage und entsprechenden Recherchen eingeräumt würde. Ergeben sich aber solche Schwierigkeiten schon dann, wenn man zehn Personen befragt, dann ist ohne weiteres klar, was geschehen würde, wenn man statt zehn Personen Hunderte, Tausende oder eine Million Personen befragen würde. Das Ergebnis eines solchen Unterfangens ist eine historische Tatsache: man nennt sie Protestantismus.

[15] Bibelwissenschaftler vertreten verschiedene Auffassungen in bezug auf die Frage, wann (genau) die neutestamentlichen Schriften entstanden sind. Wenngleich die Datierung dieser Schriften nicht Gegenstand dieser Abhandlung ist, ist jedenfalls anzumerken, daß das hier (unter Punkt 6) Ausgeführte in jedem Fall seine Geltung behält – unabhängig davon, ob der Leser frühere oder spätere Entstehungsdaten annimmt.

[16] Z.B. Irenaeus, *Contra Haereses*, lib. 3, cap. 3; Tertullianus, *De praescriptione haereticorum*, cap. 32; Origenes, *De principiis*, lib. 1, praef.

[17] Z.B. Ignatius, *Ep. ad Smyrnaeos*, cap. 8–9; Id., *Ep. ad Philadelphenses*, intr., cap. 1–4; Id., *Epistola ad Magnesios*, cap. 7.

[18] Z.B. Clemens, *Epist. I*, cap. 2, 56, 58, 59; Ignatius, *Ep. ad Romanos*, intr., cap. 3; Irenaeus, *Contra Haereses*, lib. 3, cap. 3, n. 3; Tertullianus, *De praescriptione haereticorum*, cap. 22; Eusebius, *Historia Ecclesiastica*, lib. 5, cap. 24, n. 9.

[19] Cfr. Msgr. Patrick F. O'Hare, *The Facts about Martin Luther*, Rockford 1987, S. 215–255.

[20] Zit. nach Martin Grisar SJ, *Luther*, Freiburg 1911, Bd. 2, S. 548.

[21] Behalten wir im Hinterkopf, daß die Dekrete eines Ökumenischen Konzils nur dann verbindlich waren, wenn sie durch den Papst gebilligt wurden.

[22] Häufig führten und führen Arianer folgende Stellen an: *Spr* 8,22; *Joh* 14,28.

[23] Cfr. John Henry Newman, *The Arians of the Fourth Century*, London/New York 1895.

[24] Henry G. Graham, *Where We Got the Bible: Our Debt to the Catholic Church*, Rockford 1977, S. 272.

[25] Bestätigt wurde dieser Kanon erneut von den Konzilien von Karthago (419), dem Zweiten Konzil von Nizäa (787) und dem Konzil von Florenz (1442). Dieses Verzeichnis wurde auf dem Konzil von Trient (4. Sitzung, 1546) auf definitive, ausdrückliche und unfehlbare Weise bekräftigt. Frühere Verzeichnisse findet man in der von Papst Damasus im Jahre 382 herausgegeben *Gelasianischen Dekretale* und im Kanon Papst Innozenz I. (den er den Fränkischen Bischöfen im Jahre 405 übersandte). Obwohl diese Verzeichnisse nicht mit dem Anspruch auf Unfehlbarkeit vorgelegt wurden, so enthielten sie jedenfalls genau dieselben 73 Bücher, wie elf Jahrhunderte später der tridentinische Kanon (*The Catholic Encyclopedia*, New York 1914, Bd. 3, S. 272; cfr. *Lexikon für Theologie und Kirche*, 2. Aufl., Freiburg 1960, Bd. 5, Sp. 1277ff.).

[26] Es sei darauf hingewiesen, daß die katholische Kirche nicht behauptet, sie *verleihe* den Büchern der Hl. Schrift die Kanonizität. Gott allein ist der Urheber der Kanonizität. Vielmehr lehrt die Kirche, daß sie – und zwar nur sie – unfehlbar *feststellen* kann, welche Bücher zum Kanon gehören, der bereits zuvor auf göttlicher Urheberschaft beruht.

[27] Zit. nach: Johannes Perrone SJ, *Der Protestantismus und die Glaubensregel*, Regensburg 1855, Bd. 1., S. 96f.

[28] Anm. d. Übers.: Cfr. John Hardon SJ, *The Spirit and Origins of American Protestantism*, Dayton 1968, S. 409–423.

[29] Anm. d. Übers.: Cfr. Hardon, *op. cit.*, S. 347–376.

[30] Die frühesten Abschriften der Bibel (der *Codex Vaticanus* und der *Codex Sinaiticus*) stammen aus dem 4. Jahrhundert – keine von ihnen enthält den gesamten Textbestand, da Teile verloren gingen bzw. vernichtet wurden. Die allermeisten Manuskripte bieten nur Teile des ursprünglichen Textes.

[31] Hier ließe sich entgegnen, daß es ironischerweise dem beständigen mühevollen Einsatz (katholischer) Mönche zu verdanken ist, daß das (schriftlich niedergelegte) Wort Gottes durch die Jahrhunderte hindurch für uns erhalten blieb. Die Behauptung, die katholische Kirche habe alles in ihrer Macht Stehende dafür getan, daß die Bibel niedergehalten werde, ist eine eklatante Lüge, deren Unwahrheit sich schon bei einem flüchtigen Blick auf die kirchenhistorischen Fakten herausstellt. Die Kirche hat, ganz im Gegenteil, in ihrer Eigenschaft als Behüterin des Glaubensgutes darüber gewacht, daß unechte oder fehlerhafte Manuskripte verbrannt oder auf andere Weise beseitigt wurden, um der Verbreitung nicht authentischer Bibeltexte entgegenzuwirken.

[32] Raymond F. Collins, *Introduction to the New Testament*, Garden City 1983, S. 77. Die genannte Zahlenangabe beruht, da es keine genaue Zählung der Variationen gibt, auf ungefährer Einschätzung.

[33] Ib., S. 100–102.

[34] Bruce Metzger (Protestant), *The Text of the New Testament: Its Transmission, Corruption, and Restoration*, Oxford 1992, S. 221–225 und S. 234–242.

[35] Es wird von Protestanten die Auffassung vertreten, daß keine der Varianten in den Bibelmanuskripten wichtige Punkte der Lehre beträfe. Dies trifft zwar ohnehin nicht zu, ist aber insofern aufschlußreich, als protestantischerseits damit, wenn auch nur »nebenbei«, ausgesagt wird, man könne einen Bibeltext akzeptieren, der sich irgendwie vom Ursprungstext unterscheidet. Wenn es sich aber so verhielte, dann würde dies den Anfang vom Ende des *Sola-Scriptura*-Prinzips bedeuten.

[36] Metzger, *op. cit.*, S. 226–228.

[37] Collins, *op. cit.*, S. 102.

[38] Anm. des Übers: Der Verfasser zieht für diesen Vergleich zwei im angelsächsischen Bereich sehr verbreitete Bibelausgaben heran, nämlich die *King James Version* (die diese Stelle ähnlich übersetzt wie die katholische *Douay-Rheims*-Bibel) und die *New International Version*.

[39] Metzger, *op. cit.*, S. 234.

[40] Aus Platzgründen können hier nur wenige der überaus zahlreichen Falschübersetzungen angeführt werden: Die Schriftstelle *Joh* 1,1 lautet nach der *Neue-Welt-Übersetzung*: »Und das Wort war *ein* Gott.« Es muß aber heißen: »Und Gott war das Wort.« Im Griechischen steht: καὶ θεὸς ἦν ὁ λόγος, also wörtlich: »und Gott war das Wort«, wobei das Subjekt »das Wort« ist und »Gott« der Gleichsetzungsnominativ bzw. das Prädikatsnomen. Die Vulgata ahmt diese Satzstellung nach: *et Deus erat Verbum*. Die Falschübersetzung erklärt sich aus der Leugnung der Gottheit Christi durch die »Zeugen Jehovas«. Bei *Kol* 1,15ff. fügt die *Neue-Welt-Übersetzung* vier Mal das Wort »anderen« ein (»durch ihn sind alle *anderen* Dinge [...] erschaffen worden« usw.), weil die »Zeugen Jehovas« Christus selbst für ein erschaffenes Wesen halten. Die *Neue-Welt-Übersetzung* hat bei *Mt* 26,26: »Dies *bedeutet* meinen Leib.« statt »Dies ist mein Leib.«, weil die »Zeugen Jehovas« die eucharistische Realpräsenz Christi leugnen.

[41] Darüber hinaus erhielt von den seinerzeit im Umlauf befindlichen lateinischen Übersetzungen die Vulgata-Fassung eine ganz besondere Gutheißung seitens des Tridentinischen Konzils. Das Konzil erklärte: »Eben diese alte Ausgabe der Vulgata, die sich durch jahrhundertelangen Gebrauch in der Kirche bewährt hat, ist in öffentlichen Vorlesungen, in wissenschaftlichen Auseinandersetzungen, Predigten und Darlegungen als maßgeblich zu betrachten. Niemand soll es sich herausnehmen, sie aus irgendeinem Vorwand abzulehnen« (Konzil von Trient, 4. Sitzung, 8. April 1546). Papst Pius XII. erklärte daher in seiner Enzyklika *Divino afflante spiritu* (1943), daß die Vulgata »(...) wie die Kirche sie verstanden hat und versteht, in Glaubens- und Sittenfragen frei ist von jedem Irrtum.« Der hl. Papst

Pius X. (1903–1914) veranlaßte eine Revision der Vulgata zum Zweck noch größerer Textgenauigkeit. Nach seinem Tode wurde dieses Großprojekt von anderen fortgeführt. Der hl. Papst Johannes Paul II. promulgierte im Jahre 1979 eine *Nova Vulgata* als *Editio typica*.

42 Es sei darauf hingewiesen, daß der Erfinder des Buchdrucks, Johannes Gutenberg, Katholik war und daß das erste von ihm (ungefähr im Jahre 1522) gedruckte Buch wiederum die Hl. Schrift war. Diese erste Druckausgabe enthielt die gleichen 73 Bücher wie eine heutige katholische Bibel. (In protestantischen Bibeln wurden – und werden – mehrere dieser Bücher weggelassen.)

43 Anm. d. Übers.: Um etwaigen Unklarheiten vorzubeugen, cfr. Wilhelm Wilmers SJ, *Lehrbuch der Religion*, Münster 1855, Bd. 2, S. 169: »Da Gott das Heil aller will, so folgt, daß sein erbarmungsvoller Wille auch bereit sei, allen die zur Seligkeit erforderlichen Mittel zu verleihen. Zu diesen gehört der Glaube, der aus der Offenbarung geschöpft wird. Folglich will Gott, daß alle die Offenbarung kennen lernen.« P. Wilmers weist dann darauf hin, daß Gott auch Heiden innere Gnaden schenkt, kraft derer sie zum Glauben gelangen können, und fährt fort: »Wenn sie nun mit diesen Gnaden mitwirken, so wird Gott entweder innerlich sich ihnen offenbaren, oder, sollte eine bloß innerliche Offenbarung und ein bloß aus innerlicher Offenbarung geschöpfter Glaube nach dem göttlichen Ratschlusse nicht genügen, ihnen einen Boten des Heiles senden, um sie zum Glauben zu führen.« Cfr. dazu (sowie allgemein zur Frage der Heilsmöglichkeit für Personen, die *unverschuldet* nicht die ganze Offenbarung Gottes kennenlernen können) auch die später von P. Wilmers erheblich erweiterte Fassung des *Lehrbuchs der Religion*, Münster 1909, Bd. 1, S. 256f.

44 Die Zahl der protestantischen Gruppierungen und Sekten beläuft sich nach ernstzunehmenden Schätzungen auf etwa 25.000. Das würde bedeuten, daß seit dem Auftreten des »Reformators« Luther (1517) durchschnittlich *eine* protestantische Gemeinschaft *pro Woche*(!) entstanden ist. Selbst wenn man eine etwas zurückhaltendere Schätzung vornähme und von »nur« 10.000 solcher Gemeinschaften

ausginge, so würde sich *alle zweieinhalb Wochen* eine neue protestantische Gruppe bilden. Nach der von David B. Barrett herausgegebenen *World Christian Encyclopedia* (Oxford 1982) gab es (damals schon) »20.800 verschiedene Denominationen, Diözesen, Jurisdiktionen, Missionen, Vereinigungen und Gesellschaften« – die weitaus meisten dieser Organisationen sind protestantisch.

45 Nicht einmal die Reformatoren (Martin Luther, Johannes Calvin, Ulrich Zwingli) stimmten in ihren Lehren miteinander überein, sondern verurteilten einander gegenseitig als Häretiker. – Anm. d. Übers.: Innere Zerrissenheit kennzeichnet den Protestantismus von Anfang an und setzt sich durch alle Jahrhunderte fort. So konnte z.B. der Kulturhistoriker Max von Boehn schreiben: »›In der protestantischen Kirche gibt es so viele Religionen als Pfarrkirchen‹ sagte einmal der Beichtvater der Kaiserin« (Margaretha Theresias, Gattin Kaiser Leopolds II.) »P. Rojas de Spinola, und er hatte nicht so Unrecht; hervorragende lutherische Theologen erklärten damals, die Ansicht, Calvinisten könnten selig werden, sei eine teuflische Eingebung.« (Max von Boehn, *Deutschland im 18. Jahrhundert – Die Aufklärung*, Berlin 1922, S. 110).

46 Der Übersichtlichkeit halber wird das Beispiel dreier protestantischer Interpretationen gewählt. Nun steht aber historisch fest, daß die Zahl verschiedener Interpretationen ein und derselben Bibelstelle u.U. weitaus größer war bzw. ist.

47 Selbstverständlich soll nicht bestritten werden, daß eine Bibelstelle verschiedene Bedeutungs- und damit Interpretationsebenen haben kann, ebensowenig, daß eine Bibelstelle für das konkrete Leben des jeweiligen Lesers verschiedenartige Anwendungen mit sich bringen mag. Was bestritten wird, ist, daß ein und dieselbe Bibelstelle verschiedene, *miteinander in Widerspruch stehende theologische Lehren* beinhalten kann. In diesem Sinne ist es unmöglich, daß die Interpretation zugleich »X« und »Nicht-X« lauten kann. Wenn etwa die eine Interpretation besagt, daß Brot und Wein in der Messe wirklich in den Leib und das Blut Christi gewandelt werden, die

andere dies aber verneint, so kann nur eine der beiden objektiv richtig sein.

[48] Der pharisäische Kanon, den die Juden in Palästina verwendeten, enthielt die deuterokanonischen Bücher nicht. Aber der Kanon der Septuaginta, der in weiten Kreisen der in der »Zerstreuung« (d.h. in hellenistischen Gebieten außerhalb Palästinas) lebenden Juden verwendet wurde, enthielt diese Bücher sehr wohl.

[49] W.H.C. Frend (Protestant), *The Rise of Christianity*, Philadelphia 1984, S. 99–100.

[50] Man vergleiche z.B. *Mt* 6,14–15 mit *Sir* 28,2; *Mt* 6,7 mit *Sir* 7,15(14); *Mt* 7,12 mit *Tob* 4,16(15); *Lk* 12,18–20 mit *Sir* 11,19–20; *Apg* 10,34 mit *Sir* 35,15; *Apg* 10,26 mit *Weish* 7,9; *Mt* 8,11 mit *Bar* 4,37.

[51] Lee Martin McDonald (Protestant), *The Formation of the Christian Biblical Canon*, Nashville 1988, Appendix A. Die Liste trägt den Titel: *New Testament Citations and Allusions to Apocryphical and Pseudepigraphal Writings*. Es handelt sich um eine Bearbeitung nach Kurt Aland/Barbara Aland, *The Text of the New Testament* (Anm. d. Übers.: Kurt Aland/Barbara Aland, *Der Text des Neuen Testamentes*, Stuttgart 1982).

[52] Es sind dies: a) der Kanon von Qumran (Schriftrollen vom Toten Meer), b) der pharisäische Kanon, c) der sadduzäisch-samaritanische Kanon (umfaßt lediglich die Fünf Bücher Moses).

[53] McDonald, *op. cit.*, S. 53.

[54] Ib., S. 60.

[55] Hartmann Grisar SJ, *Martin Luther: His Life and Work*, Westminster 1961, S. 426 (Anm. d. Übers.: Deutsche Originalausgabe: *Martin Luthers Leben und sein Werk*, Freiburg 1926).

[56] Anm. d. Übers.: Zum psychopathologischen Seelenbefund Luthers cfr. P. Albert (Bonifatius) Mock (SSCC), *Abschied von Luther*, Köln 1985, S. 51–74. Indes ist davon auszugehen, daß Luther im wesentlichen für seine Worte und Taten verantwortlich blieb. – Bemerkenswert sind auch mancherlei *dämonologisch* relevante Auffälligkeiten Luthers. Der hl. Laurentius von Brindisi schreibt dazu u.a.:

»Johannes Cochläus und Laurentius Surius berichten, Luther habe etliche Anzeichen der Besessenheit durch einen bösen Geist gezeigt. (...) Wilhelm Lindanus berichtet in seinem Werk *Dubitantius* von glaubwürdigen Männern, die Luther gesehen und gekannt und sein Antlitz eingehend betrachtet haben. Diese berichteten von einer bei Luther üblichen, ich weiß nicht welchen, dämonischen Ausstrahlung in seinen Augen, wie sie bei Wahnsinnigen und Besessenen zu sehen ist, wenn sie, vom Dämon besetzt, umhergetrieben werden. (...) Im Übrigen erhellt aus verschiedenen Aussprüchen und Aufzeichnungen seiner selbst, dass Luther mit dem Dämon nicht nur irgendwelchen Umgang pflegte, sondern ihm überaus vertrauliche Unterredungen mit dem Teufel zuteilwurden.« (zit. nach Hw. H. Daniel Otto [Hrsg.]: *Des heiligen Kirchenlehrers Laurentius von Brindisi kritische Darstellung des Luthertums*, Schellenberg 2018, S. 186f.) Das *Lebensende* Luthers schildert der hl. Alfons von Liguori folgendermaßen: »Nachdem er noch unter seinen gewöhnlichen Späßen ein reichliches Nachtmahl eingenommen hatte, wurde er um die zweite oder dritte Stunde der Nacht von sehr heftigen Schmerzen befallen, unter denen er verschied. Noch vor seinem Tode zog er, an seinen Schüler Justus Jonas gewendet, gegen das zur selben Zeit versammelte Concil los mit den Worten: ›Orate pro Domino Deo nostro et ejus Evangelio, ut ei bene succedat; quia Concilium Tridentinum et abominabilis Papa graviter ei adversantur. – Betet für unseren Herrgott und sein Evangelium, daß es ihm wohlgehe, denn das Concil zu Trident und der leidige Papst zürnet hart mit ihm.‹ Nach diesen Worten verschied Luther und ging hin, um den Lohn für so viele Lästerungen, die er gegen den Glauben ausgestoßen, und für die Verführung so vieler Tausend Seelen, die durch ihn eine Beute der Hölle wurden, zu empfangen.« (Alfons Maria von Liguori, *Triumph der heiligen Kirche über alle Irrlehren*, Regensburg 1884, Bd. 1, S. 473) Noch deutlicher schreibt der hl. Alfons in einem anderen Werk, daß Luther nach seiner letzten, üppigen Mahlzeit von heftigen Schmerzen heimgesucht wird, die ihm »seine verfluchte Seele entreißen, um sie zur Hölle zu schicken«. (eigene

Übersetzung nach der italienischen Originalausgabe des Werkes *Verità della fede*, Bassano 1767, Bd. 2, S. 69).

[57] Zitiert nach O'Hare, *The Facts about Martin Luther*, op. cit., S. 51 (Anm. d. Übers.: aus dem Englischen übersetzt).

[58] Vortrag von Hw. William Most, *Are We Saved by Faith Alone*, Tonbandaufnahme, hrsg. von Catholic Answers, San Diego.

[59] Hw. Peter Stravinskas, *Catholic Encyclopedia*, Huntington 1991, S. 873.